一堂從18歲到80歲都需要選修的人生課

# 心動人生設計術

## 想像未來，自我導向學習之旅

魏惠娟、林宜萱　著

# 心動人生設計術：想像未來，自我導向學習之旅

出版者●集夢坊
作者●魏惠娟、林宜萱
印行者●全球華文聯合出版平台
總顧問●王寶玲
出版總監●歐綾纖
副總編輯●陳雅貞
責任編輯●吳欣怡
美術設計●陳君鳳
美術插畫●姚欣瑋
內文排版●MOMO

國家圖書館出版品預行編目（CIP）資料

心動人生設計術：想像未來，自我導向學習之旅
／魏惠娟、林宜萱 著
-- 新北市：集夢坊出版，采舍國際有限公司發行
2024.6　　面；　　公分
ISBN 978-626-97821-3-0（平裝）
1.自我實現　2.生涯規劃　3.成功法

177.2　　　　　　　　　　113003368

台灣出版中心●新北市中和區中山路2段366巷10號10樓
電話●(02)2248-7896　　　　　傳真●(02)2248-7758
ISBN●978-626-97821-3-0
出版日期●2024年6月初版

郵撥帳號●50017206采舍國際有限公司（郵撥購買，請另付一成郵資）
全球華文國際市場總代理●采舍國際 www.silkbook.com
地址●新北市中和區中山路2段366巷10號3樓
電話●(02)8245-8786　　　　　傳真●(02)8245-8718

全系列書系永久陳列展示中心
新絲路書店●新北市中和區中山路2段366巷10號10樓　　　電話●(02)8245-9896
新絲路網路書店●www.silkbook.com
華文網網路書店●www.book4u.com.tw

跨視界‧雲閱讀 新絲路電子書城 全文免費下載 silkbook◇com

# Contents

## 目錄

# Contents

自序

# 取回人生主導權，就從設計開始吧！

## 千萬不要設計人生，除非……

　　我在大學、社區、企業教授人生設計多年，每次課程結束前，我照例會邀請同學在平台發表修課心得。有一年，一位同學發了一封〈千萬不要來修這門課〉的貼文，我看到嚇一跳，有點不安地點開瀏覽，內文是這樣的：

　　〈千萬不要來修人生設計這門課〉

　　千萬不要來修人生設計這門課，因為……

　　你會開始讀那本買了二十年卻從未讀過的經典著作《與成功有約》，讀到停不下來……

　　你會面對早該思考卻從未思考的重要議題，一邊自言自語，一邊手舞足蹈……

　　你會停下手邊緊急但不重要的事，挖掘人生更多要務……

　　你會寫奧德賽計畫寫到熱血沸騰，忘記此時已經是三更半夜……

　　你會閱讀好多同學的心情故事與成長歷程，讀到熱淚盈眶或是笑到並軌（註：台語）……

　　你會從人生榜樣中學好學滿，發現原來自己的生涯危

機有解⋯⋯

千萬不要來修人生設計這門課，除非⋯⋯

你想認真閱讀經典中的經典，跟著動手做練習，啟動人生必須的改變！

你想面對人生階段中的重要議題，刻意學習把自己放回人生裡！

你想理出人生頭緒，有效安排時間從容度日！

你想豪情萬丈挖掘自己的第二、第三、第四⋯⋯一直到無限多的可能！

你想聽聽同學、前輩的人生故事與設計，給自己帶來靈感和力量！

那麼，千萬不要錯過這一堂，練習很多、反思更多、收穫超級多的人生設計課！


啊，原來是一位風格幽默的學生為了吸引目光而下的「重口味」標題啊！不過，她分享的貼文倒是真實呈現出人生設計課程的魔力：透過「設計」的方法與架構，應用在個人的人生藍圖裡面，可以清楚發現自己的真實樣貌，釐清真心想要與不想要。設計「人生」的方法也讓每個人鬆一口氣，第一次設計不好，隨時可以重來，你也會驚喜地發現，原來人生有很多個起跑點，你可以有很多種選擇。

**人生，真的可以設計嗎？**

**透過設計，把你放回自己的人生裡！**

上過人生設計課程的同學總是收穫滿滿，有笑有淚，有夢想有希望；但是在選課之前，許多人並不清楚「人生設計」是什麼。簡單來說，這門課也是一種「生涯設計」，成年人（特別是中年人）一聽到生涯設計概念，不免有所懷疑，有人不相信、也有人不以為然，他們認為：人生無法設計，也不必設計，因為，計畫總是趕不上變化；他們會說：我的人生處理眼前的事情都忙不完，沒有時間設計，或者：我已經 XX 歲了，好像太晚了，就不要想太多了。

有這些看法都是正常的，也彰顯出「人生設計」的美妙：設計是從問題出發，邊做邊修，只有在行動中才會發現更多的可能。應用設計思考中的概念——「重擬問題」（也就是：改寫問題），更新思維，就必看見不同的路。

例如：如果你認為：「事先規劃沒有用，因為計畫趕不上變化」，那我們可以把重點放在「變化」，重擬問題就會變成：「變化既然是種趨勢，那麼我如何透過設計來學習因應變化？」人生設計課程正可以幫助你在多變的人生中，找到不同的應對方案。

如果你認為：「日常生活中，已經有很多工作任務了，沒有時間想人生設計的事。」若是將重點放在「沒有時間」，重擬問題之後就會變成：「如何在每天的忙碌生活中，刻意融入心之所向的事情，逐漸實現想要的人生藍圖？」人生設計課程，可以幫助你更有意識地過生活，朝自己想要成為的那個目標靠近。

　　大家都認同，服裝要設計、房屋要設計、旅遊行程要設計，為什麼人生不用設計呢？透過設計，你可能發現，已過的人生中好像沒有「我」，人生要設計，設計帶來改變，真正想要，事就必成。

## 練習是「心動」的起點

　　這本書在教你設計一個讓自己怦然心動的人生，陪你有意識地活出想要的人生藍圖，而這需要從心啟動、提筆練習、實際行動，不能只是在腦海裡想想而已。這本書的每一個練習，我自己都做過；而且每隔一段時間，我會再重新檢視已做過的練習，寫下新的構想，感覺自己是人生設計課程最大的受益人。而上過人生設計這一堂課的「學長姊」們，也有許多激勵人心的行動與故事：有人放下幾乎把自己燒成灰燼的工作，重新出發，找到新的人生方向；有人斷然捨棄沒有意義的關係、勇敢踏上一個人的旅

程……

　　經過我的持續實作以及數百位學員的回饋，人生設計課越來越完整了，在這本書中，我把課堂上重要的練習做了系統化整理，加入更多案例，幫助大家從前人的經驗學習設計，感受美好。我相信，無論你處於人生哪個階段，都可以透過本書釐清思路，制訂符合想要的人生計畫。

　　前面提到那位幽默發文的學生，如今已經成為我人生設計課程的好夥伴，也就是本書第二位作者林宜萱，過去六年來，宜萱協助我設計人生設計課程的各種活動與教材，認真整理學員們的練習，並給予建議與回饋，是我在推廣人生設計理念上的得力助手。她為自己設計的人生藍圖是成為一位「金牌助教」、一位「中年擺渡人」，在設計、學習與行動中，持續朝心之所向的人生前進。

　　本書透過知識的導入、實作與練習、案例之分享，協助你覺察、評估、行動、反思你的生涯，這正是「設計」中必要的養分。跟著書中練習前進，你將開始栽種令自己心動的人生樹，期待你與我們相遇，一起展開美好的人生設計之旅！

　　（本書包括這一篇文章的「我」，均指第一位作者魏老師）

## ☺ 心動人生設計的閱讀路線

以下設計了三種不同的閱讀路線，大家可以依照自己的情況，選擇適合的閱讀路線與進度。

### 路線一：按部就班

從頭開始，逐章閱讀，邊讀邊做練習，並與夥伴分享。事實上，越是前面的章節，越是人生設計的關鍵，影響也越大。這些練習需要你花時間靜下心仔細思索並練習，想清楚了絕對一生受益，值得你花時間投入！

### 路線二：問題導向

設計思維是從「問題」開始的，你可以先評估此時此刻的自己，比較需要關注人生的哪個面向，是健康、工作還是人際關係，就從那一個板塊的內容開始看起，同時可以搭配第 10 章的〈照顧人生樹〉，透過習慣飛輪來強化效果。

### 路線三：套裝行程

本書針對不同人生階段常見的狀況設計了「套裝行程」，提供你參考：

### ▶ Package 1　年輕人的「自我探索」路線：

如果你不知道自己想要什麼、對未來職涯感到茫

然……請優先閱讀第 3 章〈追隨樂趣〉、第 7 章〈工作板塊設計〉、第 9 章〈想像人生樹〉、第 5 章〈自我導向學習〉。

☺**Package 2　成年人的「有意自我領導」路線：**

　　如果你背負著家庭、工作等多方面的壓力，體力能量超支……請優先閱讀第 7 章〈工作板塊設計〉、第 6 章〈健康板塊設計〉、第 10 章〈照顧人生樹〉打造習慣飛輪、第 5 章〈自我導向學習〉。

☺**Package 3　中年人的「第二人生」路線：**

　　如果你對人生下半場充滿疑惑也沒有方向……請優先閱讀第 2 章〈人生設計根基：價值觀、人生觀、工作觀〉、第 3 章〈追隨樂趣〉、第 8 章〈連結板塊設計〉、第 7 章〈工作板塊設計〉。

　　詳細路線建議說明可參考本書後記。再次提醒大家，閱讀各章節內容時，務必同時做練習與實踐；如果有同伴一起分享交流，那就更棒了！針對每一章的練習，我們都提供練習範例以供參考，請掃描書中的 QR Code，即可上網瀏覽。

　　那麼，就讓我們開始這段人生設計之旅吧！

出發吧！找到適合自己的閱讀路線，啟動你的人生設計之旅！

學長姊的課
程練習案例

第 **1** 章

# 從18歲到80歲都要選修的人生設計課

要有效地設計未來，

你必須先放下你的過去。

——查爾斯·J·吉文斯

# [1.1] 卡住的人生

18歲的丁丁剛考上大學，他沒有成為新鮮人的興奮，只有滿出來的課表和匆忙的趕場行程。他修習一大堆學分、甚至跨科系去修自己沒有考上的科系課程，雖然也不知道那與自己無緣的科系是不是「真愛」或對未來有什麼幫助。他周遭的同學不是雙主修、輔系地狂修課，就是心不在焉地上課，偶爾魂遊天外、喃喃自語抱怨現狀卻又無力翻轉。「焦慮」和「無力」的交錯出現，就是丁丁大學生活的寫照。

38歲的大明是典型的「三明治」族群，上有老下有小，有車又有房，一家幸福和樂的背後是一張又一張的待繳帳單。他的工作超時且壓力大，每天都戰戰兢兢，深怕被年輕人或科技給取代或淘汰。大明每天眼睛一睜開就是被錢追著跑，房貸、車貸以及孩子的學費都是必須要面對的壓力，至於自己的人生嘛，實在不敢多想，只能靠週末吃美食、假日逛景點打卡的小確幸，安慰自己空虛疲憊的身心。

58歲的珍珍在職場打滾三十多年，歷經過許多工作與職涯變遷，進入五十歲之後漸漸有種力不從心的感覺，無法像以前一樣靠意志力撐過職場各種挑戰。年輕同事的做事步調她跟不上，學習科技的速度也總是慢人一拍。她很

想瀟灑丟出辭呈，但看到許多關於高齡社會、下流老人的報導後又非常擔心錢不夠用。另一方面，也不知道退休後可以幹嘛，所以只好繼續現在的生活模式，過一天算一天：下班後追劇、購物麻痺自己，接著再展開第二天，如此日復一日，年復一年，等待退休或者被退休。

丁丁、大明、珍珍都是你我周遭常見的人物故事，不管是什麼年齡、哪一種人生階段，似乎有越來越多這種類似「卡住」的狀況。我在大學教書近 30 年，接觸到形形色色的學生，有年輕人也有社會人士；近幾年頻繁感受到大家的焦慮，不知道自己喜歡什麼、不知道未來要幹嘛，卡住！有些人甚至乾脆直接立志成為躺平族。對青壯年、中年族群來說，科技的飛快進步，帶來的不是新鮮與興奮的情緒，而是害怕被取代、被淘汰、衝擊職涯的危機與焦慮感，卻又不知該如何改變，進退兩難，卡住！再看看樂齡族，許多樂齡（55 歲後的人）或高齡者，除了旅遊、帶孫子之外，不知道自己還可以做什麼；加上社會大眾對「老」仍多半抱持著負面觀感，更是讓他們感覺不自在，生活無聊、生命無意義，也是卡住！

# 1.2 未來難預測，腦袋要升級

這些橫跨不同世代的「不知道要做什麼」、「沒有夢想」的茫然與焦慮，可以從外在環境與內在思維兩方面來探討。

從外在環境來說，我們面臨的未來是一個 VUCA 時代，意指未來的多變（Volatility）、不確定（Uncertainty）、複雜（Complexity）與混沌不明（Ambiguity）。例如：近來 AI 的神速進展，對多數人的生活帶來很大的影響，一方面增加許多便利，另一方面也帶來危機，例如：工作可能被取代、學不會新科技、跟不上科技發展……平添焦慮與茫然。然而，即使是「確定」的未來，也不免帶給人們新的擔憂：人類確定越來越長壽了，在號稱人生 100 的時代（即人類壽命達百歲的機會越來越高），多了壽命也多了煩惱，例如長壽風險（人還活著但錢已花完）、更多跟年紀有關的疾病不斷出現……都對不同世代帶來新的風險、造成新的威脅。面對外在環境快速變化且難以預測，我們的思考方式與行動抉擇勢必也必須跟著調整。

日本第一生命經濟研究所基於目前及未來所面對的社會趨勢提出「生涯設計 3.0」概念[1]。生涯 1.0 為日本昭和

時代（1926/12/25 ～ 1989/01/07），這是一個同質性很高的社會，例如：年輕人到了適婚年齡（30 歲以前）就要結婚，並且最好生兩個孩子，這是人生範本。在生涯 1.0 時代，最好跟周圍的人走一樣的路感覺比較安心。由於臺灣的歷史脈絡跟日本不同，我覺得從 1949 年國民政府從大陸撤退到臺灣開始，到電腦科技變化最大的 1989 年這一段時期，可以稱為臺灣的生涯 1.0 時代。

　　日本的生涯 2.0 大約從進入平成時代（1989/01/08 ～ 2019/04/30）開始，此時由於電腦科技、FB 等社群媒體的出現，人類進入一個多樣化的時代；臺灣也在此時期經歷了「解嚴」以及第一次政權轉移。在 2.0 時代，我們可以選擇結婚生子、結婚不生或不婚不生；我們可以決定要受雇或是自主創業；女性參與學習以及投入職場比例持續上升。在生涯 2.0 時代，人們發現自己可以跟周圍的人走不一樣的路，可以勇敢做自己。雖然觀念已經大為解放，但是多數人仍然被「如果……不知道會怎樣」的想法所困擾，因此雖然擁有自由選擇的權利，但是沒有人教我們如何成為自由之人，內心還是感覺惶惶不安。在實體看來，外在環境雖然已經進入新時代，個人心靈卻好像停留在舊世紀，仍然有著不知向左或向右的莫名不安。

　　生涯 3.0 是指日本的令和時代（2019/05/01 ～迄今）。

在臺灣，大致也是在這個時候進入 3.0 時代，社會更為多樣與彈性，3.0 時代下的人們不再一直思考「將來會怎樣」，而是認真「活在當下」、積極「描繪未來」，只有自己主動思考未來、設定目標，才可能創造與實踐想要的人生樣貌。生涯 3.0，也就是現在，因應變動社會的祕訣就是要主動設計。

就外在環境來看，我們確實已經活在生涯 3.0 時代，然而多數人的腦袋卻還是停留在 1.0 的思維，內在（腦袋）思維跟不上外在（情境）變化，內外失調當然也就水土不服。對年輕人來說，沒有前進的動力是因為不知道自己的興趣與夢想，能夠設定眼前的目標就不錯了，沒有想過（也不敢想像）人生大夢；對於成年人、甚至已經邁入人生下半場的中高齡族群來說，有些人可能一離開學校就脫離學習，一路都沿用生涯 1.0 時代的「求學─就業─退休」三段式生活，遵循線性的人生發展模式，也就繼續順理成章地採用這種思考方式來過自己的生活、甚至指導自己的下一代也如此規劃與選擇。

根據預估，有一半的工作到了 2030 年後會陸續消失，當然，新的工作也會逐漸出現。面對劇變的社會、難以預測的未來，我們必須更新腦袋的內裝，進行更替以及升級，方能從容因應世界的改變。因此，不論你是 18 歲還是 80

歲，都需要更新對生涯發展的觀念，開始學習設計人生。

# [ 1.3 ]　職涯發展與人生設計不一樣

　　想要更新生涯發展的觀念，有什麼新的架構或角度可以參考呢？建議大家回顧生涯發展理論，融合當代的設計架構，就可以找到面對未來的解方。

　　傳統對於生涯規劃的討論，比較著重在「職業」的發展，今日大學都設有職涯發展中心，都是以強化就業力為主。學校課程與人才培育重點，也是以關注學生的「就業」表現勝過人生的其他層面。1950 年代以前，「生涯發展」與「職業發展」幾乎被視為是相同的概念，直到最具代表性的美國職業管理專家舒伯（Donald E. Super）提出「生涯發展理論」（life-career development theory），並且把「自我發展」的概念納入生涯規劃中，才讓生涯發展的概念從「就業」擴展到了「人生」。舒伯的生涯模型研究是基於以下的信念：人的自我概念隨著時間推移而改變，自我概念是基於經驗發展的結果，也是一個終身持續發展的過程，個人不同的能力和興趣，是決定職業選擇的關鍵 [2]。

　　舒伯從三個視角來補充傳統理論，首先是「發展觀

點」，發展觀點強調職業發展的連續性，就是從生命全程的觀點來關注職業行為。他把職業生涯定義為一生中所從事的一系列職業、工作和職位的活動。一個人的職業生涯，可以劃分為五個階段，分別為成長階段、探索階段、建立階段、維持階段和衰退階段，每個階段都有不同的發展任務（如下表）。其次是「現象學觀點」，強調自我概念在個人職業發展中的形成。最後則是「背景視角」，指個人具有多元的社會角色，這些角色在個人生命發展中彼此互動。舒伯後來的著作更進一步從生命全程（life-span）、生活空間（life space）的觀點來論述職業發展理論，並且提出《生涯彩虹圖》（*Life-Career Rainbow*）的圖像化模型。

### 舒伯的職業發展觀點：五階段發展任務

| | |
|---|---|
| 第一階段〈成長階段〉出生～ 14 歲 | ✦此階段特色在於發展自我概念、特色、需求與認識一般的工作環境，對職業產生好奇，逐步有意識地培養職業能力。<br>✦可再細分為幻想期、興趣期、能力期。 |
| 第二階段〈探索期〉15 ～ 24 歲 | ✦此階段特色是在嘗試，透過課程、興趣、嗜好、工作經驗，暫時的選擇職業與技能發展。<br>✦可再細分為試驗期、過渡期、嘗試期。 |

| | |
|---|---|
| 第三階段〈建立期〉25 ~ 44 歲 | ✦ 此階段的特色是透過經驗建立起「初級技能」（entry level skill），這是大多數人職業生涯的核心。<br>✦ 可再細分為嘗試期及穩定期。<br>✦ 這時期的三項發展任務是：適應組織的要求、表現積極的工作態度和生產習慣、建立良好的同事關係以及爭取晉升。 |
| 第四階段〈維持期〉45 ~ 64 歲 | ✦ 由成年時期邁入中老年的階段，這時期的特色為「繼續修正與改善定位」，生涯任務是在「維持既有的地位與成就」。<br>✦ 這階段是不斷調整的時期，舒伯認為在這一個時期通常沒有什麼新的突破。 |
| 第五階段〈衰退期或脫離期〉65 歲以上 | ✦ 這一階段的特色是減少產出與準備退休。<br>✦ 在這個階段，個人身心狀況逐漸衰退，發展任務為：減速、退休規劃與退休生活準備，發展工作之外的新角色，維持生命的活力，學習開拓新的生活。 |

資料來源：整理自舒伯生涯發展理論 [2]

# [ 1.4 ] 對舒伯生涯發展理論的反思

　　舒伯最重要的職業生涯觀點，是將職業選擇視為一個展開的過程，選擇職業不是一次性的決定，是一系列決定

中累積的結果。他把「自我發展」納入職業規劃中，說明一個人的自我概念與職業生涯有密切關係，找到合適的職業，對於一個人的自我認同與自我概念有極大的影響，這是舒伯生涯發展理論研究中重要的突破與貢獻。

舒伯理論對於職業發展研究和諮詢工作產生重大的影響，並且持續影響中。然而他的理論仍然關注「職業生活」的選擇與適應發展，他的研究對象是西方人、而且是白人為主。事實上，一個人的生涯發展與教育設計、家庭背景都密切相關，如果把舒伯的研究結果直接套用在臺灣的教養文化脈絡中，無法完全切合，就像他所提出五個階段中的生涯任務，在臺灣的情境中，可能都要往後延十年。以臺灣的教育而言，從出生至 14 歲的孩子，大概還無法建立起舒伯所說的自我概念與職業能力的培養。

我回顧自己的成長歷程，14 年的學校生活中，幾乎完全被「學校課業」所充滿，沒有自我概念這個「概念」。在以往的教育文化中，個人的自我也沒有機會展現出來，求學期間不知道自己的能力與興趣，不敢想像也沒有被鼓勵要向未來伸展，更不曾超前想像未來工作或生涯。那時候我們的夢想等於國家領導人的夢想，例如：反攻大陸、解救同胞等。我再把時間快轉到我那兩個出生於千禧世代的孩子，他們在成長階段的這 14 年人生中，也沒有更好，

一樣活在學業至上的文化中。我的老大是臺灣教育改革第
一代的白老鼠，學校派給他們的課業與活動其實沒有因為
教改而減少，雖然教育改革移除了集體的國家大夢，孩子
們被鼓勵要有「目標」，但目標還是「追求好成績、考上
好學校」，這似乎已經成為一種揮之不去的集體意識，也
是教育最顯著的目標，學校教育並沒有放手讓孩子勇敢去
築夢。反觀西方的教育文化，14 歲左右的孩子被鼓勵探索
職業生涯似乎早已是一種學習日常。

　　舒伯的生涯探索期是介於 18 ～ 22 歲，對於接受臺灣
教育的孩子來說，由於大學畢業後有半數學生都會繼續考
研究所，因此學生時期也被延長了。學生們在高等教育求
學時期，仍然處於探索興趣與發展自我概念的階段，多數
人還是不清楚自己的職業選擇，不知道未來可以做什麼，
對自己沒有把握，對前途感覺茫然，這已經成為大學生的
共同焦慮。我們的學校文化與家庭教養方式，推遲了孩子
們的生涯發展任務。

　　舒伯把 25 ～ 44 歲的階段界定為生涯建立期，每個人
進入的時間點都不同，有些人可能在 25 ～ 44 歲時進入了
建立期，有些人在 25 歲後、44 歲以前，仍然在探索，還
有些人也許還在「成長」階段，個人生涯建立的時間深受
教養文化的影響。

舒伯以 45 ～ 64 歲為維持期，他認為這個時期的個人沒有什麼可能再突破創新，然而，在人生百歲高齡化稀鬆平常的時代，舒伯的觀點顯然需要修正。他應該沒有預料到，由於科技進步，低薪加上後疫情環境改變了人們的職業選擇，社會整體也被「斜槓生涯」、「零工經濟」文化所影響，生涯 3.0 使一個人有更多元的職業選擇與思考，可以大膽設計更彈性的生涯。介於 45 歲～ 64 歲的人，如果能夠及早意識到高齡社會的趨勢，更新腦袋成為 3.0 模式，就能進入另一個生涯創新的階段。舒伯所謂的維持期，在今天看來非常需要修正，45 歲～ 64 歲不是維持期，而是無限可能的創意發展期，這是一個神祕的階段，一個人能不能學習與轉化，正是決定未來人生「活得好」還是「活不好」的關鍵。

舒伯所謂的「衰退期」也一樣有很大的討論空間。對於某些人而言，進入 64 歲之後，可能就感覺「衰退」了（包括心靈與身體的衰退）；但是，對於另外一些人來說，64 歲後卻可能是「生涯突破」（或再創造）的機會。一個人會朝向創造、維持或衰退的方向發展，與他們在前一個時期（也就是中年時期）能不能開始生涯 3.0 的設計思維大有關係。一個人進入傳統生涯的最後一個階段——準備退休，對於生活意義、生命價值會有更深的體會與更高的渴

望，能不能找到真心想要投入的場域，擁有美好的人際關係，認真生活與貢獻，這就是生涯突破或停滯的分界線了。

總而言之，生涯發展主要是針對一個人的「生涯」或是「職業」做規劃，舒伯的研究很特別地加入了自我概念的要素，自我概念的形成是一個逐漸展開的過程，也是一個人在多重角色交互影響下所形成的；人生需要關注的層面不只是「職業」，身體、健康、心靈、學習、交友、休閒等，都會影響一個人的職業成功與自我發展。所以，進行人生設計之前，首先釐清「生涯」不等於「工作」，人生設計要從系統性的觀點出發，需要考慮內外在環境，也需要紮根於個人使命、天賦並聆聽內在的聲音，平衡全人各層面的需要。生涯發展需要採用系統全景的方式來設計，這一點留待下一章再做進一步討論。

# [ 1.5 ] 史丹佛大學一門課程的啟發

本書對於人生設計的想法，最初是受到美國史丹佛大學比爾（Bill Burnett）教授與講師戴夫（Dave Evans）的啟發，他們使用「設計」的觀點來思考人生，並且把人生設計開設成為一門課程[3]，幫助許多學生找到自己的熱情和

生活目標，造福多人，令人敬佩。

比爾教授是設計學院（Stanford d. school）的執行董事，戴夫則是產品設計課程的講師，他們都具有設計和工程的背景。2004 年，戴夫在教授產品設計課程時，發現很多學生都在糾結與自己生活有關的問題，想要改變世界，但不知道如何開始。戴夫也發現，自己教給學生的設計思考工具和方法，不只可以用來設計產品、更可以用來幫助學生個人設計更好的生活[4]。因此，他們在 2008 年開發了一門課程，幫助學生用設計思考創造一個有意義且充實的生活。他們也開始在學生身上測試課程與教學效果，結果令他們十分驚喜：參加課程的學生表示，在上完課程之後更有信心和動力，也能更好地設定個人目標並付諸實現。這種發現真令人心動，學習與教育的價值，應該就像這樣吧！

戴夫和比爾的人生設計課程理念，是希望人們可以透過設計思維的工具和方法，像設計產品或服務一樣來設計自己的生涯。過程中，了解自己的價值觀、興趣和優勢至關重要。他們認為，當一個人在沒有清楚了解自己的情況下就來設計生活，做出的選擇常常與自己的價值觀不一致，或者沒有考慮到自己的優勢與興趣，因而做出無法真正滿足自己的選擇。因此，這堂課的重點不在於生涯規劃或找

到某個工作，而是協助人們更加了解自己，如此就能更好地做出符合自己目標、價值觀和願望的規劃，使生活更充實有意義。

綜合以上理論與實踐資料回顧的結果，我們以舒伯的自我概念與職業發展歷程理論為基礎，參考史丹佛大學的人生設計工具，以「栽種人生樹」為設計的意象與系統的架構，希望大家關注人生樹生長發展的要素，包括：樹根、樹幹、環境、果實以及成長的奧祕，能發展出一個從心開始、自主學習的人生設計架構，藉此協助大家栽種一棵專屬於自己、令自己怦然心動的人生樹。

## [1.6] 生涯新解方：
## 種一棵持續生長的人生樹

過去十年以來，我從系統企劃的觀點開始發展人生設計課程，曾經在勞動部勞動力發展署雲嘉南分署、就業服務機構以及我所服務的大學、研究所碩博士班開班授課，學生年齡從 18 歲到 72 歲都有，每一次上完課程後都得到不少的迴響。無論是年輕學生或樂齡學生，透過這個學習歷程，他們開始思考自己想要成為什麼、認真探索自己真正想要什麼，他們的人生開始有了夢想藍圖。

2022 年夏天，我應邀前往一家企業講授退休準備的系列課程，這家公司可以說是一個幸福企業，以「公司就是員工的家」為他們的企業文化，管理高層十分注意員工福利。公司有一位暖心的董娘，她個人熱愛學習，自己正在探索退休後的人生，也關注員工退休後的安排，因此特別邀請我設計三次的工作坊。我個人不太喜歡用「退休準備」這個名詞（我認為人生沒有退休，只是轉職，也就是轉換舞台而已），因此就以「人生設計」為工作坊命名定位。

第一次上課時，一位在公司工作將近二十年的男性員工自我介紹，他有點靦腆地說，因為不知道什麼是「人生設計」，對這一門課程感到好奇，所以就報名了，他是這梯次學員裡令我印象深刻的一位，他對於我所談的後期生涯設計中的每一項練習活動都很積極認真，也有真正的行動。聽他的分享，讓我有一種「對，就是這樣！太棒了！」的喜悅。他說，自己在還沒有上這門課之前，就已經有夢想藍圖，只是那時候的藍圖只能藏在心裡，沒有同伴可以討論，他也不敢說出來，深怕被潑冷水。自己也時不時會懷疑是否真能圓夢？漸漸地都快要遺忘那些夢想藍圖了。

的確，一個即將「退休」的人，準備進入舒伯所謂的「衰退期」，誰還敢做大夢？！上課前，他對於自己的夢想總是有一種怕被發現、也怕被打槍的心情；很幸運的是，

他選擇參加了這個課程。上課後，他很開心地告訴我，我在課堂上所說的，正是他悄悄在描繪的藍圖；這一次，他終於可以大方且大聲地談論他的夢想了，沒有人會潑他冷水，反而投以羨慕、讚嘆、支持與鼓勵的眼神！更棒的是，他的太太也一同來參加課程！這些回應與轉變讓我深感自己做了一件正確的事，我想透過課程讓更多人知道，人生下半場是準備開始「創造」，而不是準備「休養」的時候。

看到這裡，你可能開始對人生設計有一些興趣了，也可能還有一些疑問，例如：計畫趕不上變化，設計有用嗎？生活中已經有那麼多責任與待辦清單，還能如何設計呢？人生都過了一大半了，現在設計還來得及嗎？以下我總結十年來的教學經驗，加上學員提出的疑問，歸納出關於人生設計的「是」與「不是」，可以幫助各位對人生設計有更清晰的了解，盡快踏出第一步：

✦ 人生設計**不是**全部都想好才開始，而**是**邊做邊修。

✦ 人生設計**不是**所有資源都到位才開始，而**是**打造原型就開始實驗。

✦ 人生設計**不是**把生命中所有的事情一次都想好，而**是**運用設計的思維與工具，以二到五年的時間來逐步進行。

✦ 人生設計**不是**規劃找一個工作，而**是**設計生活中每一個層面的發展。

✦ 人生設計**不是**滿足「他人的期待」，而**是**以自己的「心之所向」為中心，並且有意識地自我領導。

✦ 人生設計**不是**堅持一定要走某一條路，或是採用某一種方法；人生設計**是**要先有方向、並且允許多元與彈性。

✦ 人生設計**不是**只能走一條單行道；人生設計**是**隨時可以停下來，總是可以重新來過。

✦ 人生設計**不是**想出「一個」最好的解決方案，而**是**想出多個真正想要的設計，而且每一項都是 A 計畫。

✦ 人生設計**不是**預先想好要解決所有問題，而**是**保持彈性讓自己有能力面對變化、隨時因應。

　　面向長壽社會，我們必須及早準備未來，採用設計思考的方式，積極行動、迎向不確定的未來，打造自己真正想要的生活。這是一堂從 18 歲到 80 歲都需要選修的課程，誠摯邀請你一起加入，從心開始，為自己種一棵能持續生長的樹，創造讓自己怦然心動的人生。

## ☺ 人生設計練習題

1. 舒伯的生涯發展研究把一個人的職業發展分成五個階段,請應用這五個階段的任務來自我評估:那個時候的你在做什麼?生活與學習的重心是什麼?對自己有什麼樣的期許嗎?

2. 你是否曾經被某些生涯 1.0 的觀念困住?哪些觀念困住你呢?

　　不管 **18** 歲或 **80** 歲,都要用生涯 **3.0** 的思維重新思考人生,成為自己生涯舞台上的最佳主角!

# MEMO

第 **2** 章

# 人生設計的根基
## ——價值觀、人生觀與工作觀

你所追逐的人生真的值得追求嗎？

你如何判別？你根據什麼基礎做出這個判斷？

——米洛斯拉夫・沃弗等人

# [ 2.1 ] 人生設計是一件整體思考的事

面向未來生涯的思考，這本書的撰寫是以舒伯的職業發展理論為基礎，融入系統化觀點，並採用「樹」的意象來呈現人生設計的全貌，除了可以呈現生涯藍圖設計，也說明人生是一個持續發展生長的動態過程。

## 自我概念，幫助你定義自己想要成為什麼樣的人

自我概念是一個人在生涯發展歷程中的核心任務，也是指個人對自己不同方面的主觀知覺和判斷，包括：性格、能力、興趣、欲望、態度、社會角色以及過去經驗，自我概念也蘊含個人的信念與價值。簡單來說，自我概念就是一個人對於自己想要成為哪一種人，自己想要如何在世界中存在的信念之集合。

自我概念是在個人與環境互動中所形成，可能受到他人的評價、社會的比較以及自己實踐經驗的影響。他人的評價會影響個人對自己的看法，我們之所以成為今天的我，不可否認是受到很多人影響的結果。從別人的評價中，我們反思對自己的看法；我們與社會的比較影響了我們對自己的期望，例如：身高、體型、胖瘦等概念。自我概念透

過個人實踐經驗與自我觀察變得逐漸清晰，自我概念使我們覺察自己的行事為人，了解自己所做的與想要的是否一致，我們的生涯選擇與決定都跟自我概念有關。

　　一個人如何評價自己的生活經歷，也與自我概念有關，同樣的事件，對自我概念不同的人而言，會有不同的解釋。自我概念提供一個人從自己的角度來解釋自己行為的歸因，例如：能力天賦、努力程度、工作難度、運氣因素、身心狀況、別人的反應等。自我概念也決定了一個人對自己期望的高低，自我概念積極的人，自我期望也高，正向的自我概念促進正向的生涯發展，帶來想要的結果。因此，設計人生首先要回答一個重要的問題：「你想要成為什麼樣的人？」

## 應用人生樹的意象，設計你想要的人生

　　本書用人生樹的概念做為人生設計「全景」思考的架構，用「樹」的意象來表達：人生設計就像是在為自己栽種一棵人生樹，自我概念就是「種子」，由這一粒種子發展出人生觀、工作觀與價值觀，一個人如果能擁護自己真正認同的價值觀，工作和生活能言行一致地活出自己的信念，遵循內在聲音的引導，在個人與環境互動中發現自己的興趣與天賦，就能健康地生長，而且長得根深幹粗，枝

繁葉茂，屹立不搖。

此外，長得茁壯的大樹總是盤根錯節連結各種因素、相互倚賴，這也說明人生設計是一個學習與發展的歷程，生涯設計不只是在找一個工作、選擇就業或設計工作，也不是為了養家餬口或是賺很多錢達到財富自由而已。人生設計必須整體思考如何成為自己真正想要的樣子。每個人真心想要的人生都不一樣；但是，幸福成功的人生卻都具有相同的特質，那就是「不只關注工作」，而是「兼顧工作、健康與愛的關係」。人生設計失衡的結果，可能使你賺得全世界卻賠上自己的生命，全景觀照的思考可以幫助我們更有意識地關注人生的不同面向，讓各面向都能得到健康正常的發展。

用人生樹的概念來設計人生，需要掌握以下要素：

✦ 樹根就像是價值觀、人生觀、工作觀，只要確立這三觀是正確的，是真心擁抱的觀點，則無論環境如何變化，都能知道如何回應。

✦ 樹幹兩旁代表水分、雨露、陽光與空氣，它們是樹木生長的要素。套用在設計人生時，這些要素代表的是職場環境、個人興趣、天賦與內在聲音，就是自己的心之所向，這個意象說明人生設計時需要同時關注外在環境與聆聽個人內在聲音。

✦ 樹幹：成功需要努力，但是要在對的平台上努力，才不
　空跑徒勞。所謂對的平台包括跟價值觀相近、志趣相投
　的夥伴一起工作；此外，自己也要成為「對」的人，學
　習強化自己的自我導向能力。

✦ 樹的枝葉代表不同的板塊與夢想。生涯 3.0 時代，每個
　人都可以為自己設計多種不同版本的人生，不必侷限，
　多元思考，讓自己越來越靠近心之所向的理想人生。

　　人生設計就像為自己「種植一棵人生樹」，運用人生
樹的概念圖全景思考，不偏不倚。這一章我們先從樹根開
始探討人生根基，就是個人的價值觀、人生觀與工作觀；
後續章節再依序說明人生樹的不同要素、操作方式與案例
故事。

人生樹概念圖

## [2.2] 人生設計根基之一：價值觀 ——什麼是人生最重要的事？

### 價值觀是你心中的一把尺

　　價值觀是指一個人對於客觀人事物的整體評價，它是推動個人採取行動的原則。價值觀幫助我們區別事物的好壞、分辨是非及重要性。價值觀也是人與動物最大的區別，人不只認識世界也知道自己應該做什麼、選擇什麼；而動物只能被動地適應環境。簡單來說，價值觀就是個人對於有益或有害事物的評判標準，不同的價值觀會產生不同的行為模式以及不同的社會文化。

　　價值觀也是一種深藏於內心的準繩，是個人在面臨抉擇時的依據，價值觀指引個人表現出某些行為，例如：「誠信」的價值觀會讓人願意坦承自己面對的困境，願意對別人說明事情的真相，以提升他人對自己的信任度；「紀律」的價值觀會讓人依循規定行事，產生執行力；「關懷」的價值觀會讓人去關心別人，了解他人困境、對人產生同理心；而一個人若抱持「自我」的價值觀，會使他表現出「自我中心」的行為[1]。

　　一個人的價值觀是從出生開始，在家庭和社會的影響

下逐漸形成的。每個人的先天條件、後天環境、人生經歷都不同，因此價值觀也各不相同。在同樣的客觀條件下，不同價值觀的人也有不同的動機模式與行為表現。

價值觀是我們思考與認知的深層基礎，它形成了我們的世界觀和人生觀，隨著認知能力的發展，在不同環境與教育的影響下逐漸養成。價值觀具有穩定性、持久性、歷史性、選擇性、主觀性等特點。不過，價值觀也是有可能改變的，特別是當環境改變、個人經驗累積、知識增長時，價值觀就可能會發生變化。

## 反覆跟自己對話，釐清價值觀

價值觀指引我們的生涯抉擇。我們的生活常常很忙，這也想要，那也想要，向左或向右難以抉擇。我想起一個學生的例子：小玲成績優秀，以校長獎得主（也就是全班第一名）的身分進入大學。她對校園的各項活動與課程都很感興趣，同時也熱愛賺錢，每個週末都會去超商打工。有一天她來找我，滿臉疲憊，感覺有沉重的負擔。她說她什麼都想要，她既想維持學業成績第一名、繼續領高額獎學金，她也不想放棄社團活動，不知道要如何取捨，只好經常熬夜趕作業。但是，在第一學期期中考之後，她的一堂選修課程被列入了「預警」名單，有可能「被當掉」，

學生一旦被列入預警名單，就已經失去校長獎資格了。

　　這個案例讓我們了解到：忙碌的生活使我們沒有時間、也沒有心思去思考什麼才是人生重要的事，常常陷入救火趕場的生活模式，無法判斷事情的輕重緩急。美國知名顧問艾莉森・路易斯（Allyson Lewis）認為這是因為我們很少問自己：「什麼才是我人生中最重要的事情？」

　　價值觀決定你會成為什麼樣的人、會過什麼樣的生活，價值觀也會幫助你篩選生活中的訊息，讓你知道什麼是重要的。設計人生從釐清價值觀開始，以下兩個練習，幫助你開始建立自己的價值觀。

## ☺ 價值觀練習一：應用價值觀清單

　　艾莉森・路易斯在《走吧！去做你真正渴望的事》一書[2]中提出四個步驟，幫助你釐清自己的價值觀，知道什麼是人生中最重要的事：

1. 快速閱讀以下的「價值觀清單」（如下表）。

2. 將每一個選項看過兩遍，勾選出你覺得最有意義的項目。

3. 重新閱讀清單，選擇你認為「真的很重要」的項目，只要選出 10～15 個就好。你所打勾的每一個選

項，必須是在你心目中真正回應「是的！這些對我真的很重要」的項目，如果想到其他不在清單上的價值觀，也可以隨時加入表中。

4. 再次檢視清單，選出你認為最重要的十大價值觀進行排序。路易斯建議我們要「反覆跟自己對話」，才能加強神經迴路連結，讓你所選擇的價值觀，真的能烙印在腦海中，這些價值觀才能幫助你行動，也才能使你聚焦在人生中最重要的事情上。

**價值觀清單**

| □愛 | □信仰 | □家人 | □親密關係 |
|---|---|---|---|
| □選擇 | □獨立 | □舒適 | □發揮全部潛力 |
| □改變 | □自由 | □友誼 | □服務他人 |
| □權力 | □信任 | □成就 | □憐憫心 |
| □學習 | □獨處 | □果決 | □領導他人 |
| □秩序 | □興奮 | □誠信 | □影響他人 |
| □智慧 | □成功 | □樂趣 | □有意義的工作 |
| □藝術 | □平衡 | □時間 | □幫助他人 |
| □誠實 | □熱情 | □快樂 | □有效率 |
| □歡笑 | □仁慈 | □有創意 | □名留青史 |

| □進步 | □冒險 | □愉悅 | □被認同 |
| □金錢 | □社群 | □歸屬感 | □承擔風險 |
| □穩定 | □健康 | □和平 | □休閒娛樂 |
| □啟發 | □喜悅 | □關係 | □擁有財務保障 |
| □自尊 | □正直 | □分享 | □有競爭力 |
| □知識 | □才智 | □貢獻 | □創造改變 |
| □連結 | □能力 | □教導 | □安全感 |
| □傑出 | □傳統 | □自尊 | □專業 |
| □成長 | □旅行 | □自然 | □其他 |

資料來源：艾莉森・路易斯《走吧！去做你真正渴望的事：
創造有意義人生的7分鐘微行動》，顏和正翻譯（2014）

## ☺ 價值觀練習二：向標竿學習

　　價值觀的形成，深受家庭、社會文化與教育學習的影響，練習一的價值觀清單可以幫助你，透過快速參照能找到適合的語言來描述自己的價值觀。如果你對於自己在世界上要如何立足、如何設計人生、如何做出選擇，還是感覺困惑，那麼，教育績效名列前茅的芬蘭經驗或許能幫助你，進一步釐清價值觀是如何養成的。

## 芬蘭教育世界第一的祕密

在國際教育成就評鑑協會（IEA, International Association for the Evaluation of Educational Achievement）公布的「2009 年國際公民教育與素養調查計畫」評鑑結果中，芬蘭與丹麥的國中二年級學生公民知識居世界之冠。芬蘭的學校其實並沒有公民課程，他們又如何教孩子公民素養呢？

芬蘭是以道德、宗教為主軸來實施公民教育，跟美國及許多亞洲國家從小就強調愛國教育大不相同。芬蘭高中生必修心理學、哲學、道德與社會研究，學生有 91% 的時間都花在公民教育上。芬蘭人認為，教育應該先教共通的價值，如：人權、尊重，而不是絕對的教條，因為教條會隨時空而改變。

根據芬蘭的課程大綱，一年級到五年級的小學生要學習以下四個核心內容，整理如下表：

芬蘭一到五年級公民教育課程大綱四大核心內容

| 人際關係與道德成長 | 老師帶著學生討論：什麼是同理心？如何分辨是非？什麼是友誼？在日常生活中，如何落實正義？富有與貧窮會影響正義的判斷嗎？什麼是思想的自由？什麼是宗教的自由？如何寬容？如何避免歧視？ |
| --- | --- |

| | |
|---|---|
| 自我認知與文化認同 | 老師引導學生回答以下問題：我是誰？我能做什麼？我身邊有哪些不同文化與生活背景的人？芬蘭文化有什麼特色？世界上其他古文明有什麼特色？世界各國有哪些不同的信仰與生活哲學？ |
| 人權與社區的概念 | 芬蘭的小學生必須理解群居的意義，明白群居需要遵守哪些規定，人與人之間如何達成協議？人際往來之間彼此承諾、信任、公正等黃金法則的重要性。權利與義務如何對應？兒童權是什麼？人權又是什麼？平等、和平與民主，對全球的未來有何影響？ |
| 探索個人與世界的關係 | 個人與世界關係的探索層面包括：自然環境、人類的進化、地球與宇宙、永續發展等議題。在修課的設計上，如果不修道德課程的小朋友，則必修宗教課程。但是宗教課程不是教聖經故事，而是要思考下列問題：什麼是生命的意義？什麼事讓你快樂？你曾經有什麼經驗，讓你思考過生與死的問題？所謂宗教，不是狹義的教條，而是思考每一個宗教都嘗試要回答的問題。 |

資料來源：整理自 2011 年《天下》384 期報導：
〈芬蘭教育世界第一的祕密〉

　　芬蘭的公民課程設計，使孩子在青少年時期就開始探索自我，思考自己在地方、國家、北歐、歐盟事務上，可以扮演什麼角色。青少年需要學習的公共事

務課題包括各類福利政策、民主選舉制度、媒體、司法、國防與外交政策,可能造成哪些影響;此外,芬蘭的國中學生也必須接受理財教育、稅務與經濟學等課程。

芬蘭的公民教育之所以成功,是社會價值觀的一種反射,芬蘭與其他北歐國家都強調:人權、平等、透明、社會流動,人民相信自己的參與會造成社會的改變。反觀,一個社會如果充滿敵對、互相較勁,資源分布又不均等,想要透過公民課程教學生有愛、互助合作、不爭不搶,實在是太為難了。[3]

我們可以應用芬蘭公民教育課程的幾個問題,來反思自己的價值觀。現在,請試著回答以下問題:

✦ 人際關係與道德成長:什麼是友誼?什麼是正義?如何避免歧視?

✦ 自我認知與文化認同:我是誰?我能做什麼?我身邊有哪些不同文化與生活背景的人?我們的文化有什麼特色?世界各國有哪些不同的信仰與生活哲學?

✦ 人權與社區的概念:人與人之間如何達成協議?人際往來之間彼此承諾、信任、公正等的重要性為何?平等、和平與民主,對全球的未來有何影響?

✦ 生命意義：什麼事讓你快樂？你曾經有什麼經驗，
　讓你思考過「生」與「死」的問題？

✦ 公共事務課題：我國各類福利政策、民主選舉制
　度、媒體、司法、國防與外交政策，可能會造成哪
　些影響？

　　價值觀影響一個人的選擇與行動，如同樹木的樹根一樣，是人生發展的根基。它能幫助我們釐清人生中重要的事情，使我們能勇敢選擇與行動。透過上述兩個價值觀的活動練習，可以讓自己的價值觀更加明確清晰，協助我們在各種情境下，都能做出無悔的選擇與行動，活出真正想要的生涯 3.0。

## [2.3] 人生設計根基之二：人生觀 ——為何而活？

### 哪一種人生值得追求？真正的幸福快樂是什麼？為什麼？

　　這一生中，什麼是你想追求的？你想追求的值不值得追求呢？很多人費盡全力追逐名利成就，得到後卻不滿足，

他們沿著梯子拼命向上爬，爬到頂端後，才發現梯子靠錯牆了。究竟什麼是真正值得追求的人生？繁盛的人生是什麼樣子？這是人生的大哉問，需要你透過深度的自我對話，找到對自己有用的答案。耶魯大學三位老師開設一門人生思辨課，指導學生對於理所當然的人生提出問題，學習自我對話，很有啟發 [4]。

人生觀是指人們對於人生的看法，是在回答人為什麼活著、人生的意義、價值、目的、理想、信念與追求等問題。人生觀包括：幸福觀、苦樂觀、榮辱觀、生死觀、友誼觀、道德觀、審美觀、公私觀、戀愛觀等，由於人們的生活環境與文化背景不同，形成不同的人生觀。不過，人生觀就是在探究以下的問題：

✦ 人生的意義是什麼？

✦ 人生的目的是什麼？

✦ 何謂「理想」的人生？

✦ 你想要過什麼樣的生活？

✦ 你如何定義生涯成功？

✦ 你認為幸福人生是什麼？

人生觀就像一個人的生命羅盤，也像是指南針，它指引我們前進的方向，航行之前要先校正。可是，我們的行

動常常不是遵循自己的羅盤，而是別人的期待。每一學期，我會設定一段時間，歡迎選修人生設計課程的大學部學生來我的研究室小圓桌喝咖啡聊一聊，我通常會詢問同學未來的方向。我發現很多同學的選擇都受到父母與社會文化的影響，父母總是建議他們要選擇「穩定」的工作，所以很多人說想要考公職，當我問他們選擇公職的理由，都只有一個答案：穩定！有的同學甚至會再加一句：「我不喜歡改變，所以，我覺得公職比較適合我。」這樣的回應讓我有點失望，公務員是國家重要的人力資源，國家面臨多變而難以預測的環境，我們需要彈性應變的人才，不是不想改變的官員。想要投入公職的人，只是因為「穩定而且薪水不錯」的理由，是不是缺了什麼？我的學生們都還很年輕，對於人生沒有想得太深，他們的反應使我感覺下一年度再開這一門課時，一定要加強對於人生根基思辨的一環。

多數人的生涯決定受到別人影響，而不是自己深思熟慮的結果。如果一輩子只是跟著多數人的腳步不斷爭取晉升、賺取財富，卻從來沒有想過自己要成為什麼樣的人、想過什麼樣的生活、希望做出什麼貢獻，那麼，總有一天我們將失去動力，甚至開始懷疑人生，成為某種「中年危機」——這多半是因為自己「所做」（doing）與「所是」

（being）不一致所引起的。《聯合報》2023 年 12 月的退休力論壇提到很多國家都在思考希望善用退休人力，創造多贏局面，然而，繼續活用退休人力不太容易，對於退休人士而言，最大的罩門不是健康或經濟，而是「位分」——就是失去自我定位與價值的失落。擁有清楚的人生觀與目標感，是保持人生能動性的要因，不要跳過對於「什麼人生值得活」這個基本問題的思考。

## 如何定義自己的人生觀？

釐清人生觀，就是要回答一個似乎理所當然的大問題：我為什麼活著？每天推動我起床的動力是什麼？這是人生設計的第一課，請務必要寫下來，不要只是在腦袋裡想。如果總是用想的，有可能每次想的都不一樣。這個練習需要多閱讀、反覆與自己對話，最好能找到同樣關心這個問題的人一起研討。以下提供幾個練習方法，幫助你逐步思考自己的人生觀：

### ☺ 人生觀練習一：參考他人版本

如果一開始不知道如何下筆，參考他人的人生觀總是好的學習策略，在別人的故事中看見自己，獲得

靈感，寫下讓你心有戚戚焉的部分。以下舉日本作家
松浦彌太郎的例子提供大家參考：

　　日本作家松浦彌太郎在《松浦彌太郎の 100 個
工作基本＋ 100 個生活基本》[5] 一書中提到，他認為
所謂的人生勝利組，就是活在自己所期待的樣子中前
進著、生活著；他認為人生觀就是「人生終極目標」，
也就是你這輩子最在意的事。人活在世上是為了什
麼？人生的意義或目的是什麼？個人與他人的關聯是
什麼？家庭、國家與世上其他事，對你的意義為何？
他說明自己的基本人生觀如下：

+ 睡前深呼吸：讓自己的身體可以放鬆。

+ 表達一致性：自己的頭、手、心要一致，用愛心說
  誠實話，而不是一個在背後說他人閒語的人。

+ 每週保持運動三次：可以好好照顧自己的身體、認
  識身體，讓自己有能量。

+ 好好吃飯：要慢慢吃飯、享受吃飯時間，才能有好
  的身體。

+ 保養不偷懶：自己的樣子是自己喜歡的，老化 NG
  不可以喔。

+ 永遠保持在最有魅力的位置：常常要問自己是否快

樂，工作與生活是否為自己喜歡的樣子。

✦ 為他人著想但不要委屈：若因為替他人著想而覺得心裡苦，那就是委屈；照顧別人之前要先照顧好自己，這個平衡需要拿捏。

✦ 沒有解決不了的事，去理解、去面對：人生總有卡關時，但相信困難都能解決，現在也許沒有能力，只要有意識地給自己時間、空間去理解、去面對，總是會長出超能力。

我非常欣賞松浦彌太郎的人生觀，欣賞他能用這麼直白易懂的文字，貼切地說明人應該怎麼活；對於他所寫的內容也很有同感。人生觀雖然重要，但是卻被認為屬於「重要但不緊急」的事情，沒有清晰人生觀的日子，也可以照常生活；所以，我們不習慣去想關於「人為何活著？如何活著？」的問題，不是每一個人都能清楚回答。從參考他人的版本開始，不失為是一個可行的起點。

在人生一帆風順的時候，就算沒有清晰的人生觀，也不成問題；但是當左右為難或人生卡關時，沒有人生觀的指引，可能會做出不是真心想要的決定，人生很可能從這裡開始發生問題。我有一個朋友，二十多年前從海外嫁來臺灣，結婚沒多久就生了個小孩，孩子才剛出生，她就選

擇離婚了。她一直在加油站工作，一心一意只想賺錢，每天拼經濟，但是並無一技之長，而兒子又接二連三的闖了不少禍，包括：無照駕駛、被誘騙去當車手吃上官司等，各種賠款都由她買單。由於這些不必要的支出，她必須要賺更多錢才能還債。然而，受限於個人專業能力不足，只能在加油站打工、下班後繼續到夜市擺攤賣小點心。她雖然也想改變人生，卻沒有可靠的羅盤，害怕下一個「石頭」會更小；加上每天的生活已經夠忙夠累了，也沒有餘力去想自己的「人生觀」，只能這樣過一天是一天。

她的原生家庭其實是中上水平的家庭，家人都是公務員，如果不是當年嫁來臺灣，她應該也會走上公務員的生涯。有一次，我問她為什麼選擇嫁來臺灣？她說因為在大陸跟男朋友吵架，故意要氣他，就跑到臺灣來結婚了，她雖然感到後悔，但是當年也沒有臉面回家，現在孩子已經在臺灣長大，也不想回去了。

這樣的案例不勝枚舉。人的一生要怎麼活？活著是為什麼？確立人生觀雖然不是緊急的事情，卻是重要的事情，值得我們花時間認真想一想。

## ☺ 人生觀練習二：以終為始，知道現在該怎麼活！

現在我們將時間快轉到生命盡頭，試著想一想，在生命末了，你打算留下什麼？你希望後人能記得你的是什麼？你希望你的親人、朋友如何描述你？史蒂芬·柯維在《與成功有約》[6] 一書中提到，當蓋棺論定時，你希望獲得的評價，就是你這一生真正渴望的目標。他提供以下的練習題，邀請大家針對每一個問題寫下答案：

**Q** 你希望你的丈夫、妻子、父母、子女等親友，以及朋友、同事，如何描述你？

**Q** 失去了你，對於關心你的人有什麼影響？

**Q** 以終為始：你對人生最終期許是什麼？

學習「以終為始」的思考，可以教你現在怎麼活。

以下是我的答案：

**Q** 你希望你的丈夫、妻子、父母、子女等親友，以及朋友、同事，如何描述你？

**A** 我希望他們會說：

她是一個認真的人。

她是一個愛神也愛人的人。

她是一個不斷指引我們方向的人。

她會不厭其煩地把總是沒想清楚的我再帶回軌道上。

**Q** 失去了你，對於關心你的人有什麼影響？

**A** 失去我，他們會覺得：

失去一個很可靠值得信任的諮詢對象。

失去一個總是讓我們「看見未來」的人。

失去一個不斷引導我們勇敢「向未來伸展」的人。

**Q** 你對人生最終期許是什麼？

**A** 我對人生最終的期許是：

活到老、學到老、工作到老、貢獻到老。

做重要的事，做有價值意義的事，做能幫助到人的事情，做讓別人得到幸福的事。

成為一個百歲人生 3.0 閃亮的人。

這是我的答案，你呢？請你也寫一寫。

此外，《與成功有約》也提到「告別式演說」的心智模擬練習，作者史蒂芬・柯維（Stephen R. Covey）建議我們想像在自己的告別式上，希望親友如何介紹自己的一生，這個練習同樣也是透過「以終為始」的概念，來幫助大家釐清自己這一生最重要的意義與目的為何。如果你還

沒有勇氣或沒有時間靜下來做這個練習，一樣可以先參考別人的案例，例如以下這則故事：

瑞典人阿爾弗雷德（Alfred）以賣火藥而致富，生意遍及全歐洲，被稱為「火藥大王」。他不但有錢也有好心腸，他認為真正的幸福不是「自己有錢」，而是「讓他人得到幸福」。在他的想法裡，科學研究的進步將為世界帶來更多希望，而知識的傳播就是在傳遞幸福。

他真心認為自己是個「有錢的好人」；但在他人眼中並非如此。當他的哥哥路德維希（Ludwig）心臟病發死去時，媒體記者把兄弟倆搞混了，報紙紛紛登出斗大的標題寫著「死亡販子已死」的新聞。大家認為阿爾弗雷德這個「火藥大王」是以發明新的、有效的、更大威力的殺人方法而賺大錢，所以世人認為他是在「販賣死亡」。

這個烏龍事件讓阿爾弗雷德發現世人對他的真實評價，讓他既傷心又慚愧，決定要扭轉人們對他的看法。於是他立下遺囑，把名下可以變換為現金的財產全數都捐出來，成立基金會，每年運用基金所產生的利息，贈送給五位在物理、化學、醫學、文學和對世界和平有傑出貢獻的人——這就是大家所熟悉的「諾貝爾獎」的由來 [7]。

看完這段故事，大家是不是有感受到「以終為始」思考的強大威力了呢？現在，請重新思考以下問題，你是否

有新的想法或新的發現呢？

✦ 人生的意義是什麼？

✦ 人生的目的是什麼？

✦ 何為「理想」的人生？

✦ 你想要過什麼樣的生活？

✦ 你如何定義生涯成功？

✦ 你認為幸福人生是什麼？

　　建議你把答案寫下來並且印出來，隨身攜帶或貼在醒目之處，以具象化的方式提醒自己，在潛移默化之中，讓自己的行動都與人生觀裡外一致！

## [2.4] 人生設計根基之三：工作觀 ——為何工作？什麼才是好工作？

　　佛洛伊德說：「愛與工作，是人生兩件最重要的事。」一個人一生的發展，特別是自我概念的發展，跟「能不能找到一份適當的工作」，或者說「能不能投身於一個好工作中」很有關係。我們要先定義自己是誰、為何而存在、為誰而努力，才會知道什麼工作是「適當」的工作，找到自己，才能愛自己所做的工作。

　　所謂適當的工作是指與個人的興趣、能力、價值、信念都配合一致的工作。生命發展是一個學習歷程，人生大部分的時間其實都是在學習尋找一個與自己心之所向、和自己信念相配的工作，因此，最好能從生命全程的觀點，也就是舒伯所說的生命週期與生命空間的層面來探索人生，應用「全景」的角度來進行工作設計，不是在「找一個工作」而已；找工作之前，先找到自己。因此，工作觀被我們列在人生樹的根部，就是因為它源自於自我概念（樹的種子），並與個人價值觀、人生觀互相影響。一個人如果能有明確而健康的工作觀，將有助於人生樹順利長成。

　　如何建立自己的工作觀呢？請試著回答以下的問題：

✦ 你認為工作是為什麼？

✦ 什麼是好工作？

✦ 工作的意義是什麼？

✦ 工作和個人、他人、社會有什麼關係？

✦ 什麼叫做好的或是值得的工作？

✦ 金錢和工作的關聯是什麼？

✦ 經歷、成長、成就感和工作的關聯又是什麼？

　　請根據自己真實的想法回答上述問題，並且寫下來。要探詢自己的工作觀，也可以利用以下兩個練習活動。

## ☺ **工作觀練習一：**
## **向外看，參考他人案例**

在撰寫自己的工作觀時，可以先參考別人的例子，寫下有共鳴之處。以下還是以日本作家松浦彌太郎為例，提供他對工作的八個看法給大家參考：

✦ 工作的自主性高：我可以決定工作的時間、工作量的多寡。

✦ 人生不是只有工作：每天 3 ～ 4 小時是屬於自己的時間，可以自由安排，也可以好好休假。

✦ 可以突破成長：工作能有所挑戰，並且能感受到自己在進步。

✦ 公平合理：能符合公平原則，工作環境與制度合理。

✦ 能為他人解決問題：在工作中有機會想解決方案，我希望自己是想出解決方案的人。

✦ 有智慧的溝通與合作：溝通過程中能有智慧地與他人應對，妥善運用感性與理性。

✦ 能為他人加分：在團隊裡可以利用自己的長處為他人省去麻煩，而得以加分與成長。

✦ 能持續學習：在工作中，自己可以主動保持學習，

也有學習的對象。

松浦彌太郎的觀點簡單易懂又實際，各位不妨參考他的心得，先試著寫出一個自己的版本，再從行動中慢慢修改。你也可以針對自己喜歡或景仰的人物（尤其是在工作表現上吸引你的人），以他們的工作觀為基礎來自我探詢。例如，透過傳記、著作或部落格等資料，蒐集你想要學習的人物對工作的看法，在其中選擇與自己理念一致的觀點加以改寫，或者直接應用。

## ☺ 工作觀練習二：向內看，從個人的經歷自我覺察

如果你有工作經驗，就可以透過回顧過去的經歷，釐清自己在工作上最在乎什麼、最喜歡什麼，搭配本書後面章節提到的好時光日誌、AEIOU 以及生命歷程曲線等練習，必然可以拼出自己真實擁抱的工作觀。此外，在平日生活中追劇、滑手機、瀏覽網站、甚至是購物過程中，也都可以有意識地練習自我覺察，注意有哪些主題更吸引你，是強調團隊合作？在

工作上伸張正義？強調工作彈性？或者是具有解決難題超能力的主角？留意自己對於這些主題的偏好與反應，慢慢地就會察覺出自己的心之所向。

## 為你的人生樹奠定根基

　　哈佛商學院有個悠久的傳統，在每一科的最後一堂課，教室裡進行的主題會與平日大不相同：這堂課不討論個案、也沒有平日學生爭相發言的情景，而是由任課教授分享自己的人生經歷以及智慧，告訴學生，在漫漫人生旅途上，無論走向何方，都別忘記自己的價值理念；面對抉擇，務必忠於它、守住它：記得你是誰，你想成為什麼。哈佛不愧是全球頂尖學府，在這群聰明積極的年輕人進入物質世界追求功名之前，不忘提醒他們人生最重要的事情，間接說明了紮根的觀點對生涯發展的重要。

　　其中，以「破壞式創新」理論聞名的克雷頓 · 克里斯汀生（Claton Christensen）教授 [8]，在學期最後一堂課所安排的主題，是用企業理論來討論三個問題：

✦ 如何才能樂在工作？

✦ 如何才能擁有圓滿的人生？

✦ 做選擇時，如何秉持誠正的原則？

　　克里斯汀生提出的這三個問題，正好呼應本章所談到的價值觀、人生觀、工作觀，這三者是人生樹的三個根基，也是支持我們人生重要的基礎，其中最基礎的一層是價值觀，價值觀影響人生觀與工作觀；三者都會受到環境以及與他人互動的影響，彼此也會互相影響。人生觀與工作觀必須彼此整合、對齊一致，只有兩者一致，才能夠帶來地球科學所說的「真北」。

　　在完成人生觀與工作觀的練習之後，請進一步思考，你的人生觀與工作觀兩者是否一致？以下的題目，可以幫助你做出更具體的反思：

✦ 我的工作觀與人生觀有哪些地方相輔相成？
✦ 我的工作觀與人生觀有哪些地方彼此矛盾？
✦ 我的工作觀是否可以促進人生觀？為什麼？
✦ 我的人生觀是否影響我的工作觀？為什麼？

　　有時候，這兩個觀點可能會有所改變、也可能彼此衝突，因此要養成常常反思的習慣，學習持續校正羅盤。只要你覺得人生卡關，個人正經歷重大的轉折，或是內心有昏暗的感覺，那就是重新校準羅盤最好的時機，《做自己的生命設計師》[9] 兩位作者建議我們一年至少校準一次，

不管是轉換環境、追求新事物或是覺得目前的工作不曉得在幹嘛時，就停下來反思校正，每次重新上路前，都要看一下羅盤，總是清楚自己的定位。有了羅盤，就不會迷失方向。如同兩位作者所說：「我不會隨時都知道該往哪裡走，但我永遠知道自己是不是朝正確的方向前進。」是的，這就是人生觀、工作觀的效能，你不必一次都想好，但是，開始就對了！

## 😊 人生設計練習題

1. 你的人生觀與工作觀有沒有不一致的地方？如果有，是哪些地方不一樣？

2. 過去是否曾有某些經歷使你感覺困惑？仔細思考一下，背後的原因是不是因為人生觀與工作觀不一致所造成的呢？

第 2 章練習表單
學長姊的人生設計練習案例

要找到能夠吸引自己堅持奉行的價值觀，
找到能為你指引方向的北極星

第 **3** 章

# 追隨「樂趣」，
# 發現心之所向

熱情就是能量。專注於令你興奮的事情，
你就能感受到那股力量。

——歐普拉・溫芙蕾

# [ 3.1 ] 從拒絕聯考的小子，到志向不明的學生

1975 年，一本名為《拒絕聯考的小子》的小說問世，在觀念保守的當年引發眾多迴響。故事描述在那個大學生仍然很稀有的七〇年代，一個建國中學三年級的學生，在大考前夕決定拒絕聯考，然而接踵而來的，是父親兄姊的失望反對，以及同學朋友的質疑擔心……小說想要抗議的，不只是聯考，也是權威、體制。在將近五十年後的今天，入學管道變得多元，進大學不再是一道窄門，但這敞開的大門卻又衍生出新的問題：教育部於 2023 年 2 月公告，110 學年度大學學士班退學人數共 4.3 萬人，另有 3.2 萬學生屬於休學狀態（休學大概就是退學的前一步了）。整體退學人數比前一年度微幅增加，退學理由大多以「志趣不合」為主，因為學生對於所讀科系不熟悉，不清楚自己興趣志向，入學後更容易休退學 [1]。

大學為了留住學生，多半放寬修業機制、加強選課彈性，這些都是積極的作法，有助於學生發現自己想要的東西。只是，如果有超過半數的高中生都在「志向不明」的狀況下就進入大學，那就說明了高中教育並未能幫助學生找到志向。

　　找不到心之所向，或是不敢追隨心之所向，也與教養文化密切相關，從五十年前一個拒絕聯考的小子，到五十年後一群志向不明的孩子，背後的問題都跟升學主義有關。在臺灣的教育文化下，無論是技職學校或綜合高中，輔導學生的目標似乎都一樣：升學。老師與家長也都鼓勵升學第一，技職學校學生的升學選擇還是以綜合大學為主，不一定是科技大學。臺灣的高中生很少去探索自己未來要做什麼，他們的選擇多半反映了父母的看法與期待，而大學放榜後的大紅榜單，恰好滿足了家長的期待。全教總高中職主委張瓊芳女士在受訪時就指出，高中生的志願選擇多半是受長輩或學長姊影響或建議，先進入不喜歡的科系，再想辦法轉系，但其實轉系也不容易，所以只好休學、重考或是退學。

## [3.2] 你的人生也是活在別人的期望裡嗎？

　　高中生一進入大學校園後，開始面對自己的課業，由於志向不明（多數人是由學測分數的落點決定就讀科系）進入一個科系後，感覺茫然也是必然的，因此大學端必須努力透過各種機制來消除新鮮人的茫然，想出各種策略希

望留住學生，這其實也是一種教育資源的消耗。事實上，在生涯 3.0 的今日[2]，人生之路無比寬廣，加上少子女化，大學錄取率相對提高，每個人的選擇變多了，可是大多數師生家長都緊持舊有的觀念：懷抱升學至上的想法，大家都想要搭直達車，不鼓勵找不到興趣所在的高中生嘗試「空檔年」（gap year）勇敢去探索人生，直到大學畢業，父母不能不放手，實質上也管不了了，這時候好像才開始有了自主管理人生的機會。

高中學生在不清楚自己的志趣下，茫然進入大學；四年後問題並沒有解決，大學畢業仍然要面對志趣與工作一致的問題。如果習慣活在別人的期望下，就像是依循別人的腳本生活，不曾探索自己喜歡什麼、想要什麼，這個問題如果沒有釐清，在人生的某個階段，可能也會經歷下列人物的故事[3]：

「他過著別人幫他選好的人生道路，畢業後順利就業，面對工作也遊刃有餘。他一直過著自認幸福快樂的生活，不曾停下腳步思考自己想做什麼、想成為什麼樣的人，他沒有想過自己的人生觀或工作觀，永遠讓別人決定他的人生航道與方向。

直到有一天，他開始感到無聊、焦躁、生活悲慘，他覺得自己活得不開心，感到茫然無趣，但是也不曉得該如

何是好。他知道事情不對勁，但不知道哪裡有問題。34 歲的他，不知道自己喜歡什麼、不喜歡什麼，他想放棄眼前的職業生涯，卻又說不出任何放棄的理由。」

「從小她就聽父母的話，好好唸書，畢業後找到一個穩定的工作，一路認真努力、為家人奉獻心力，準備熬到退休，然而人生卻在此時出現許多顆變化球朝她襲來。工作雖然上手卻沒有太大意義，缺乏繼續下去的動力；考慮退休卻又不知道要怎麼準備，不清楚退休後要做什麼、能做什麼。爸媽及自己的健康也慢慢出現各種警訊，令人擔憂。她人生第一次出現如此大的壓力，第一次感到如此地不知所措，未來的人生應該如何行進，已經沒有人可以給她答案了，她需要為自己做出決定，但她完全不知道下一步該怎麼走。」

## [3.3] 忠於心之所向，開拓渴望之路

想要生活有目標，不是單靠好好努力就夠了，首先要清楚自己的興趣、嗜好與職志；其次，要在對的平台上努力，追隨心之所向，走自己想要的路，這是所有年齡層在

生涯學習上的共同目標。找到真正想要的並不容易，值得我們深度思考、跟自己反覆對話，而參考非典型的生涯學習案例，也是有助於發想的學習策略。

北一女畢業的羽婕順利考上臺大，卻選擇出國重新念高中。她從小因為成績優異而就讀資優班，但越讀卻越覺得離自己的興趣越來越遠。她在每一次的活動中不斷探索，覺察自己喜歡什麼、想關注什麼重點，一點一滴型塑出自己的價值觀。她發現自己渴望到國際學習、想要向國際人士介紹臺灣，所以她做出一個決定：申請就讀國際知名高中 UWC（United World Colleges）皮爾森學院加拿大分校。她積極與父母溝通，最後使用募資的方式籌措學費，終於如願踏上國際學習之旅。

擁有亮眼學歷、在台積電工作並一路晉升到主管的瓦基，在職場打拼十年之際決定離職，結合個人興趣與專長，經營說書部落格《閱讀前哨站》以及 Podcast 節目《下一本讀什麼》，成功創下高流量與收聽率，知名出版社、線上書店都搶著與他合作，臺灣主流商業財經雜誌也都有他的身影。面對人生大轉型，即使少了護國神山的光環，瓦基也成功創造收益與影響力。

一對在職場上擁有相當不錯職位的夫妻，在五十多歲後迷上園藝，捨棄累積更多退休金的機會，選擇提早退

休，只為盡早開始學習有關園藝的知識。夫妻倆一邊享受悠閒的退休生活，一邊到處拜師學藝充實更多專業知識，透過不同的嘗試，最後鎖定瓶中園藝，並以「花波兒園藝」之名成立園藝商店，除了自己享受園藝之樂外，也透過創意市集擺攤、手作課程等方式對外推廣，開始獲得企業訂單與更多開課機會。他們在興趣的支持下，走出了一條全新的道路。

　　以上案例主角都是忠於內心聲音，選擇自己有興趣的事物努力學習，結果發展出嶄新的生涯 3.0 之路 [4]，這樣的作為可不是年輕人的專利，只要依循心之所向，大家都做得到！

## [3.4] 發現自己的興趣，可以把興趣當飯吃！

　　或許有人不以為然，會告訴你「興趣不能當飯吃」。事實上，現今有一半的工作在 2030 年會消失，這些消失的工作多半是有標準答案的工作，未來則預期會出現更多全新的工作。新工作都是需要有創意設計的腦，我們可以應用設計思考的方式，學習設計師的工作模式，在行動中做做看，先製作模型、然後邊做邊修，及早發現自己喜歡或

不喜歡。如同上述的羽婕、瓦基、花波兒夫妻，他們不只傾聽了自己內在聲音，而且真的跨出一步去嘗試，證明了興趣的確可以當飯吃。

不過，唯一的問題是：你知不知道自己的興趣是什麼？我曾經在課堂上請同學寫下自己在做什麼事情的時候最有心流經驗、最感覺全心投入？得到的答案不乏為：玩手遊、跟朋友聊天吃飯、出去玩、睡覺、放空等最快樂，只有極少數的人分享他們在做某一件事情或某一項任務時會感覺開心。

尋找興趣的練習活動，是希望你能藉此發現自己想要做的工作。跟家人朋友揪團去休閒旅遊或品嚐美食，必然是開心的事情，但是那些活動能不能成為工作的選項呢？如果不能，那就需要探索其他有「心流」又能有「金流」的活動了。常常聽見很多人抱怨工作環境不佳、同事不好相處、老闆要求多、對自己的工作總是不滿意，好像工作與快樂總是互斥。如果你找不到合乎興趣的夢幻工作，那麼就想辦法讓現在的工作變得有趣，也是一個策略。

以下提供五個尋找興趣的練習，幫助你找到心之所向，創造自己喜愛的工作。請選擇適合的練習，開始嘗試看看。

## ☺ 尋找興趣練習一：標記你的「好時光」

　　《作自己的生命設計師》兩位作者提供一個練習，幫助我們找到自己的興趣，這個練習叫作「好時光日誌」，我覺得非常實際好用，我們可以利用它來標記好時光，挖掘自己的興趣所在。完整的好時光日誌練習包括三個活動：發現心流時刻、感受精力流向以及記錄日誌。

### 發現心流時刻

　　所謂心流，可以說是一種加強版的專注，當一個人處於心流狀態時，會感受到時間似乎靜止，完全沉浸在手上的任務，失去了對其他事物（如：時間、人物或其他會使自己分心的事情）的感知，包括忘記身體基本的需要，也就是所謂的廢寢忘食。心流（flow）是 1975 年由米哈里・契克森（Mihály Csíkszentmihályi）[5] 所提出的一個心理學概念。心流通常在我們全神貫注投入某一項活動時出現，引發心流的活動，給我們帶來適度的挑戰，不會過於簡單，也不會過於困難，活動的挑戰程度與我們的能力旗鼓相當，因此我們可以全心投入，高度專注，而且感到極為愉悅（euphoric）、渾然忘我。

一個人處於心流狀態時，可能會感覺時間自動運轉，事情的運作順暢。在心流時刻不會感受到時間的流逝，直到回到正常狀態後，才注意到已經過了多少時間；此外，在心流出現時，個人會專注於投入手上的事物，不會注意到其他感覺，例如：飢餓口渴、周遭人事、或手機聲響等。等事情完成後，本人會感受到愉悅、滿足、成就等正向情緒。米哈里把心流狀態稱為是一種「最佳體驗」。

## 感受精力流向

我們的注意力在哪裡，精力就在哪裡。生活中有很多活動，都會使我們十分投入，很像心流體驗，但是需要特別注意的是，在活動過後，你的感覺是精力充沛或是精疲力竭？例如：參加各種盛大的 Party 或餐敘，可能需要精心打扮，聚會可能華麗新奇、有趣好玩，也會吸引人專心投入，產生類似心流的忘我之感；又或是在與他人論辯時，雙方唇槍舌戰，你來我往，可能取得勝利。類似這些活動，事後可能會讓人感覺「精疲力竭」，反而產生失落感或是負面情緒。因此，在記錄自己的心流時刻時，需要注意精力的流向。

## 記錄「好時光日誌」

心流是一種難以形容的狀態，但是當你感受到時就會知道。那是一種很微妙的質性經驗，每個人都需要靠自己發現心流，找到那個讓自己全神貫注的時刻，以及那時候是在做什麼。好時光日誌的練習可以幫助我們發現及標註心流時刻，最好每天或兩三天就記錄一次，並標示出能讓你專注投入與產生精力的程度，也要找出能讓自己動起來的事情，越詳細越好。

關於這個練習，我自己實際練習過，也請修課的學生記錄，大家都有很多收穫與發現，例如：「經過紀錄後，我發現自己原來在整理報告的數字分析時會特別投入、特別有成就感」、「我發現與業務部的溝通會議總是消耗掉我大量的精力」、「現在我做每一件事情時，都可以自動偵測出那是不是我的好時光了！」這樣的練習的確能幫助大家深度挖掘出日常活動中的能量及情緒走向。

我綜合自己及同學們過去練習的經驗，把好時光日誌的內容稍微修改調整如下表，並提供以下練習原則供大家參考：

✦ 每天記錄：至少連續三週每天記錄，如果還找不到

能專注投入的活動趨勢，就需要繼續記錄。

✦ 專注時刻：記下特別吸引你專注的活動或事情是什麼？記下讓自己專注、精力充沛的時刻，當時你是在做什麼事情？跟哪些人在一起？建議你更詳細地描述在從事的活動中，有哪些場景、人物、氛圍吸引你或不吸引你。記錄時不要只有簡單書寫活動類型，如：上課、聽演講，可以進一步描述：上什麼課？老師怎麼上？講到哪些議題時特別有趣……

✦ 記錄心流：為你所從事的活動打分數，可以從兩個角度來評分，一是你投入活動的程度，二是這個活動為你帶來的精力感覺，是正向還是負向？

✦ 反省：每週總結一次，根據活動紀錄找出一週的心流、精力流向趨勢，或是發生哪些意想不到的事，任何能讓一天生活順利或不順利的線索都可以記錄下來，並且看看自己可以從中學到什麼。

✦ 持續記錄：建議你建立持續記錄的習慣，每週進行反思，除了正向體驗的活動之外，也記得檢視那些帶來負向感覺的活動。

✦ 聚焦：在累積足夠的好時光日誌資料後，就可以開始聚焦在值得關注的事情上，做進一步規劃 [6]。

## 好時光日誌記錄表

（＿＿＿ 年 ＿＿＿ 月 ＿＿＿ 日～ ＿＿＿ 年 ＿＿＿ 月 ＿＿＿ 日）

姓名：＿＿＿＿＿＿＿＿＿＿

一、我的一週好時光日誌

　　請記錄日常從事的活動，找出讓你感到投入、精力充沛或無聊的時候，當時你正在做什麼？請每天或兩天做一次紀錄，找出讓自己動起來的原因，描述所從事的活動，並評估做那件事情的投入程度，以及投入後的精力流向，紀錄越詳細越好，如果有心流的感覺，請在方框內打勾。

| 日期 | 從事活動 | 進入心流 | 投入程度（1～10分）　精力（負—0—正） |
|---|---|---|---|
| | | □ | 1　2　3　4　5　6　7　8　9　10 ---- --- -- - 0 + ++ +++ ++++ |
| | | □ | 1　2　3　4　5　6　7　8　9　10 ---- --- -- - 0 + ++ +++ ++++ |
| | | □ | 1　2　3　4　5　6　7　8　9　10 ---- --- -- - 0 + ++ +++ ++++ |
| | | □ | 1　2　3　4　5　6　7　8　9　10 ---- --- -- - 0 + ++ +++ ++++ |
| | | □ | 1　2　3　4　5　6　7　8　9　10 ---- --- -- - 0 + ++ +++ ++++ |
| | | □ | 1　2　3　4　5　6　7　8　9　10 ---- --- -- - 0 + ++ +++ ++++ |

二、一週總結（請回顧前面的紀錄，用適當的文字描
　述下列問題）

1. 我在哪些時候感覺投入？

_____

2. 我在這週出現心流的時刻（請列出上表中「進入心
　流」打勾的活動）

_____

3. 從事哪些活動之後，我感到精神振奮？（為我帶來
　精力的活動）

_____

4. 從事哪些活動之後，我感到筋疲力盡？（消耗精力
　的活動）

_____

5. 綜合以上的發現，我想要在下一週做些什麼調整？

_____

## ☺ 尋找興趣練習二：應用 AEIOU 找出影響因素

　　好時光日誌幫助我們找到能讓自己全心投入、而
且感覺有心流的事情，不過，在不同的情境下，感受

可能不同，例如：參加相似的會議或活動，有時候會有心流、有時卻覺得精力消耗。為什麼同一類型的事情會有不同的效果呢？可能是因為人、空間與氣氛所造成的。因此，我們可以借用 AEIOU 這項工具來進一步探索。

　　AEIOU 是許多設計者在為客戶提供解決方案時常用的工具之一，這工具可以在不同情境中幫助工作者，包括產品設計、課程設計、客戶提案和創意發想等方面，尤其是在探索「我們所要服務的對象或使用產品的人，真正的需求是什麼」時。使用 AEIOU 列出問題，能幫助我們觀察得更加全面且具系統性，掌握環境中的所有事件，快速將聚點集中在使用者身上，挖掘出潛在的需求，得知更多關於潛在使用者的資訊。我們也同樣可以運用 AEIOU 來探索自己真正的興趣所在。

## AEIOU

✦ A（Action 或 Activity）行動：你在做什麼事？參加什麼活動？你扮演什麼角色？是領導人還是參加者？

✦ E（Environment）環境：環境會影響我們的心情，

所以要注意自己是在什麼地方參加活動，描述一下那是什麼樣的地方？那種環境給你什麼樣的感覺？

✦ I（Interaction）互動：你互動的對象是什麼？是人或是機器？你是在一種新的互動情境中，還是處於一種熟悉的互動情境？是正式的還是非正式的？

✦ O（Object）物品：你是否有和任何物品或裝置互動，例如：iPad、智慧型手機或其他？什麼物品會帶來負面感覺？什麼會帶來加強投入的感覺？

✦ U（User）使用者：在你參加活動的場合裡有誰？你的旁邊是誰？他們帶來正面或負面的體驗？

現在，請挑選好時光日誌中幾個讓你感覺精力充沛以及精力耗損的活動，練習應用 AEIOU 寫下影響因素。

我自己在完成好時光日誌與 AEIOU 的練習後，發現自己喜歡跟同伴一起討論各自發現的問題、一起規劃行動來改善問題的「活動」（A），並且想像完成之後的美好而產生正向情緒；我也喜歡開墾、行動、創造類型的「活動」（A）。在「互動」（I）方面，

我喜歡跟有理念、很務實、夠專業、想做事、能做事、不講究形式儀文、不注重排場的人一起研討策劃；喜歡跟能夠暢所欲言的人一起開會。我喜歡在輕鬆不拘形式的環境（E）下研討；此時如果能有咖啡、點心、紙筆、白板、投影等物品（O），加強討論與溝通的友善與開放性，更能促使我與他人做有效率的討論。

經過好時光日誌的記錄，我知道使自己專注、精力充沛的時刻；也可以對自己的行動有所反省，例如：我喜歡説真話，裡外一致的説話，但是，我覺察到説真話時需要學習運用適當的語言以及拿捏「力道」，以免場面尷尬。透過好時光日誌的練習，我知道自己要學習「讚美要具體」、「批評要籠統」。

應用好時光日誌與 AEIOU 兩個練習，可以幫助你找到生活中能感受「心流」體驗的活動，更清晰地理解自己為什麼會被某些活動吸引，明白自己在這些活動中扮演哪一種角色，也會更深入理解哪些人、物、情境與互動方式，會影響你對活動的參與程度。

## ☺ 尋找興趣練習三：綜合四個指標聽見內在聲音

　　如果促使你產生心流的項目只有一樣時，比較容易確定自己的興趣；如果你的好時光日誌以及AEIOU練習結果呈現多個興趣選項，那麼就需要仰賴內在聲音的引導，發現自己可以優先投入的項目。

　　「內在的聲音」是史蒂芬・柯維（Stephen Richards Covey）在《第八個習慣：從成功到卓越》一書中所提出來的觀念。柯維在《與成功有約》**7**中，提出高效能人士需要養成的七個習慣，藉此提升生活效能、迎接各種挑戰；而「第八個習慣」則是能引發個人深層動機，協助我們發揮獨有天賦，找到自己在世界上最好的位置。應用第八個習慣來尋找心之所向，也是很好的方法。以下四個指標可以幫助你從內在聲音的引導中做出決定：

✦ 天賦才能：我有哪些能力或特質？

✦ 需求：哪些領域或哪一類的工作，會需要用到我的能力或特質呢？

✦ 熱情：別人需要我、而我也有熱情的事是什麼呢？

✦ 良知：我的良知（也就是內在的感覺）告訴我，應

該做什麼呢？

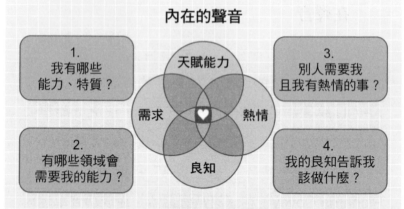

**內在的聲音**

1.
我有哪些
能力、特質？

3.
別人需要我
且我有熱情的事？

2.
有哪些領域會
需要我的能力？

4.
我的良知告訴我
該做什麼？

天賦能力

需求　熱情

良知

四個指標指引內在聲音

資料來源：史蒂芬・柯維著（2010），
《第8個習慣：從成功到卓越》。

綜合前面四個評估指標，你是否發現你的內在聲音指引你應該做些什麼呢？

美國 Shake Shack 餐廳創辦人丹尼・梅爾（Daniel Meyer）從小就喜歡「吃」，他的叔叔對他說：「你為什麼不做這一輩子一直想做的事？你不是每天都在講吃的事情嗎？你去開一家餐廳好了！」叔叔的觀察一點也沒錯，梅爾從小就非常關注食物和餐廳的事，他能記得在外面吃過的每一道菜，他寧願放棄一年 125,000 美元的業務工作，跑去做每週只有

250 元的餐廳副理，儘管賺的錢少很多，但他的心情卻是興奮的。他花費兩年多的時間研究關於餐廳的大小事，隨時隨地都在做筆記，往返義大利與美國的八小時飛行旅程，都還不夠他寫下所有發現的新點子。他説自己感覺到一股非常強烈的欲望，覺得「來不及了，得快點做」。結合天賦才能、需求、熱情與良知的「內在聲音」，引領梅爾創造出 Shake Shack 餐廳，而他的漢堡也因為淋上這款獨特的故事醬汁，而顯得格外美味 **8**。

## 梅爾的內在的聲音

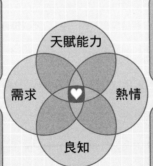

1. 我有哪些能力、特質？
記住每一間餐廳與菜色、對食物有無比熱情與執著

3. 別人需要我且我有熱情的事？
提供有品質且平價的好食物

天賦能力

需求　　熱情

良知

2. 有哪些領域會需要我的能力？
餐飲業、大都市或人情味較淡的地方

4. 我的良知告訴我該做什麼？
好的公司文化、提供價格合理的美食體現好客之道

**Shake Shack 餐廳創辦人梅爾的內在聲音**

## 😊 尋找興趣練習四：畫出生命歷程軌跡圖

個人的興趣選項如果與人生的上層目標一致，可以支持我們在行動中感受意義與價值。《做自己的生命設計師》一書提到，打造人生羅盤時需要知道自己的工作觀與人生觀；我在另一本著作《樂齡的幸福課》中也談到，檢視自己如何面對人生歷程中各種重要故事或轉折事件，有助於釐清生命意義與價值。這種練習適用於各年齡層，不管是大學生、中壯年還是熟齡族群，回顧過去的人生歷程，檢視自己生命中的高低轉折點與影響因素，學習深度自我覺察可以幫助我們確定自己真正的興趣、渴望與想要的人生。

繪製生命歷程曲線的方式不拘，大家可以參考《樂齡的幸福課》中的說明來練習 [9]，也可以自己尋找繪製方式。繪製完成後，請檢視圖形並記錄心得，試著回答以下的問題：

✦ 過去的人生中，是否有某一種模式重複出現？

✦ 從自己的人生歷程軌跡曲線中，是否能看出自己最重視的是什麼？自己在做什麼事的時候感覺最快樂或最有意義呢？

✦ 回顧人生歷程，寫下三個自己曾經做過的重大決

定，回想做這些決定的準則是什麼？依據的理由是
什麼？

✦ 由上述的回答中，你可以歸納出自己的選擇基準
嗎？

## ☺ *尋找興趣練習五：利用「回憶錄」尋找高峰經驗*

定期回顧過去的生活軌跡與生命經驗，對於發
現個人興趣也很有幫助。這個練習稱為「尋找高峰經
驗」，你可以回顧生命中最輝煌的時刻，用條列方式
或是用一段話、一個故事，描述那些高峰經驗，你既
然會記得那些事情，一定有其原因。你可以從好時光
日誌來分析高峰經驗，也可以透過「回憶錄」的方式，
來尋找深刻的經驗。特別是五十歲以上的朋友，很適
合使用回憶錄尋找心之所向。《五十後的精采，來自
你的行動與渴望》一書作者茱莉亞‧卡麥隆（Julia
Cameron）及艾瑪‧萊弗利（Emma Lively）[10] 建議
可以這樣來寫回憶錄：

1. 每週一次，引導自己觸動記憶力。每一次的回顧
   人生都可以增加幾年，例如：將自己的年齡除以
   12，所得到的數字代表每週要回顧多少年的生活經

歷。以 36 歲為例，36 除以 12 等於 3，代表每週要回顧三年的生活經歷，也就是第一週回顧 0 ～ 3 歲時期、第二週回顧 4 ～ 6 歲時期……以此類推。

2. 在回顧每一段年紀時，都請回答以下的問題：

- ✦ 你住在哪裡？
- ✦ 誰在照顧你？
- ✦ 你養寵物嗎？
- ✦ 你最早能記得的是什麼事情？
- ✦ 你偏愛什麼樣的書？特別喜歡什麼玩具？
- ✦ 在這個階段中，你牢記不忘的是什麼氣味？
- ✦ 當時你特別喜愛什麼食物？
- ✦ 回憶這段時間，你會想起的一種聲響是什麼？
- ✦ 這段期間，你曾在哪個地方居住？曾度過一段什麼樣的時光？
- ✦ 在這段期間，你還想起什麼回憶？是否發現什麼事，使你想要一探究竟呢？

回憶錄的練習是為了更深刻地發掘自己內心真正的渴望，因此在回顧過去時，要保持誠實，不要添加過多的修飾，也不要過度的美化。當我們在寫自己的

回憶錄時，會將過往的人生歷程中所發生的事，轉換成為一段絕佳的冒險故事，那些回憶會成為無價的經歷，因而使自己的過去成為現在及未來的養分。當我們開始了解跟欣賞自己時，就會有更多事物與他人共享；當我們發現可以跟別人分享的事物越多，和他人的關聯也會更深刻，彼此的交流更豐富。

回憶錄會喚起你對過去一連串事情的清晰回憶，找到失落的夢想；也可能會發現過往的傷痛逐漸痊癒、並得到更深入的洞察。回憶錄有助於一個人重新定位生命座標，使你能接觸自己真心喜愛的事物，它可能是一個起點，協助你發展出一套生活座標；它也能幫助你找到最可行的構想、最真誠的想法，並且引發那些能夠真正激發你熱情的構想和事物。

# [3.5] 探索之旅，現在就開始！

以上五個練習，提供你從不同的角度來探索自己的興趣。如果你還沒有準備好要做這些練習（有一點燒腦），也可以從最輕度的探索之旅開始，抱持「多方面嘗試」的

開放心態，努力「做好眼前事」活在當下。

「多方面嘗試」的心態就是：不排斥、多嘗試，盡可能對發生在你人生中，必須要處理的事都說「好」。電影《沒問題先生》中的男主角被預言必須向每個機會說「YES」，因而展開一段驚奇的冒險旅程。事實上，此處的 YES 並不是指凡事都要答應，而是讓自己保持開放的心態去接觸那些過往不曾主動接近的人、事、物。多元的嘗試會觸發靈感，也會增加可以篩選的機會；而每次跨出那一小步的嘗試，都會讓你的視野變寬廣，在不知不覺中串連編織成一個自我覺察的網絡；此外，在嘗試的過程中，體驗自己心情的變化，也會對自己有更多的了解。透過閱讀跟古今人士對話，也是一種很好的學習，尤其閱讀不同主題、不同角度的書籍，能使自己視野開闊，也可能在書中找到問題的解答。

所謂「做好眼前事」就是把目前生活中的待辦事項（任務／功課）做到最好，從中體會自己的能力與心情流動，這也是一種探索興趣的好方法。「做好眼前事」增加探索的深度；「多方面嘗試」擴展探索的廣度，兩者都能幫助你更敏銳地覺察自己的興趣與天賦，更明白自己的心之所向。

　　2022 年奧斯卡最佳影片《樂動心旋律》（CODA）描述聾啞家庭中唯一聽得見聲音的女孩露比，在「依個人天賦進修音樂」與「照顧家人及魚攤生意」兩難下的學習成長歷程。露比一開始對自己的歌喉沒有太大信心，覺得自己並不特別，賞識她的音樂老師問她：「世界上會唱歌的人很多，但有什麼東西是你無論如何都想要表達的嗎？」女主角的回答是堅定的「YES」，她知道自己不只是在唱歌，更要透過歌聲來訴說自己的夢想、猶豫與渴望[11]。

　　《樂動心旋律》是一個說明「心之所向是什麼感覺」的好例子。現在，你也可以問一問自己，在你的人生中，有什麼是無論如何都想要表達的嗎？積極回應這個渴望與呼喚吧！如果還是不清楚，請利用這一章不同的練習方式，幫助自己找出內在聲音。

## ☺ 人生設計練習題

1. 請至少嘗試本章五個練習中的其中一項，寫下練習結果。

2. 回顧過去的經歷，「興趣」在你選擇生涯之路時有多重要？「興趣」是否影響你的決定？如何影響呢？

第 3 章練習表單
學長姊的人生設計練習案例

專注於內在，其他事情會水到渠成。透過練習自我覺察，找到心之所向，讓它指引你邁向閃閃發亮的人生。

第 **4** 章

# 設計自己想要的價值人生

## ——有意領導

若要真正成功，獲得偉大的成就，

必得先愛上自己的工作。

*——稻盛和夫*

# [4.1] 從築夢到圓夢，展開自己的人生之旅

找到自己的興趣與真心想要的方向，就開始「築」夢之旅了，這是人生設計的第一步。以登山為例，這只算是走到半山腰；接下來更重要的是：如何「一直爬上去，直到登頂」，並且看見下一座山。我覺得最幸福的人，就是人生可以自主，也就是日本人所說「可以決定自己人生之路」的一種幸福。這是幸福感因素中，僅次於健康和人際關係的第三要素。在持續行動中，雖有高山低谷，有困境失敗，有打掉重練的痛苦，但是能夠看見夢想點子逐步實現，達成自己定義的「成功」，這絕對是一段迷人的旅程，這也是為什麼山友們在成功登頂後通常不會就此停住，而是繼續思考接下來要爬哪一座山。

如何順利進入這一段美妙的歷程呢？其實也不難，只要知道自己「真正想要」，展開行動，就可能實現。「夢想」是逐步實現的，沒有所謂的一夕成功，社會改革家雅各‧里斯（Jacob August Riis）曾表示，當一切努力看似無用時，他會去看看石匠敲打石頭，石匠連敲一百下石頭，上面可能連一條裂縫都沒有；但就在第一百零一下，石頭裂為兩半。然而，把石頭劈成兩半的不是最後那一下，而是先前

的每一次敲打 [1]。

心想事成，築夢有路，以下三個步驟幫助你展開行動，我們稱為圓夢行動三部曲：

✦ 第一：寫下人生願景（你的夢想畫面）

✦ 第二：由願景驅動，設計不同的人生板塊

✦ 第三：有意識的自我領導

要實踐夢想，首先要有「夢」、而且要做大夢；其次，根據夢想設計不同板塊的行動；第三，學習自主管理，更要有意識地領導自己的生活，做自己的老闆。這一章，我們先談願景以及有意識的自我領導；第 6 章再進入人生重要板塊的設計。

# [4.2] 圓夢行動一：寫下人生願景

## 願景：讓夢想栩栩如生

想要探索百歲人生的意義，或許可向百年常青的企業取經 [2]。眾多研究顯示，企業百年長青的祕訣正是擁有真正的願景。願景的英文是 Vision，顧名思義就是願望的或

期望的景象，願景具有以下的特質：

✦ 願景是最基本、最恆久的信念，以組織為例，就算換了
領導人也不會改變；以個人為例，無論身處富餘或卑賤，
都不會輕易改變。

✦ 願景是一套長久的指導原則，它界定了立場，使人知道
為何而戰。

✦ 願景必須通過時間的考驗，就算換了領導人，願景的文
字可能會修改，但是願景所蘊涵的信念價值不會有太大
的改變。

### 願景需要超越理性的自信

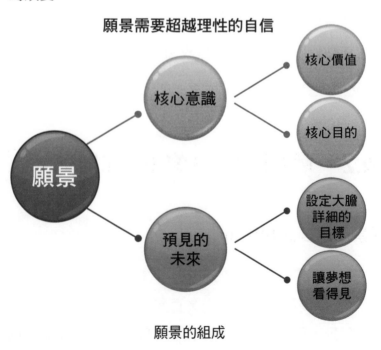

願景的組成

管理大師柯林斯（Collins）和卜若思（Porras）認為願景包含兩個要素：核心意識（core ideology）和預見的未來（envisioned future）。以企業而言，所謂核心意識是指公司的本質，以及為什麼存在，這是永不改變的部分。所預見的未來則是公司想要達到的目標。

## 願景的第一個要素：核心意識

傑出企業如惠普、索尼、3M 等創辦人都同意：「知道你是誰，比知道你要去哪裡更重要」，要前往的目的地會因環境改變而改變，但是偉大公司的核心意識永遠常存，它指引員工方向並且激發動力。核心意識會把員工緊密地凝聚在一起，成為一個組織，無論環境如何改變，核心意識都能維持組織的向心力。就像猶太人雖然散居各地達數個世紀之久，但是基於共同的信仰，他們還是緊緊地團結在一起。傑出的企業知道自己為何存在，而你我的人生大夢，第一個課題就是要先釐清：你想成為哪一種人？

核心意識又包括兩個要素：核心價值（core values）和核心目的（core purpose）。以下我們先以企業的案例來說明，之後再探討核心價值如何應用於人生設計。

### 一、核心價值

核心價值指的是一個組織最重要、永不改變的指導原

則，同時也是公司由衷信奉的價值信念，即便在某些時候，這些價值可能會成為競爭上的不利因素，但因為是「核心價值」，所以組織領導人會堅守這些價值，例如：迪士尼公司的創辦人堅信，應該積極鼓勵創造力和有益身心健康的活動，因此，公司的核心價值就是「致力於創造對身心有益的體驗」。偉大長存的公司會謹慎決定哪些價值是他們真正的核心價值，一旦確定了，不論周遭環境或管理風潮如何演變，都不會輕易更改。

在設定核心價值時，最好逐條思考：如果環境改變，使得這一價值可能對我們不利，我們還會堅持嗎？如果答案不是肯定的，這可能不是你真正的核心價值。真正的核心價值是無論環境如何變化都不會改變的，反而會基於核心價值企圖改變市場現狀。擁有清楚的核心價值，並且能言行一致真實的擁抱自己的信念，是基業長青企業的共同特色。以在日本有「經營之聖」美名的稻盛和夫所領導的企業為例，他一生創辦了兩家知名企業：京瓷、日本電信公司第二電電（現名 KDDI），又成功拯救了日本航空。他走過自己曾經面臨的極大困境，體悟企業經營者應暮鼓晨鐘般每日自省，他的經營之道很簡單，就是：「動機良善，了無私心」，一生奉行「利他」的經營哲學。

最值得一提的是稻盛和夫在高齡 78 歲時，無法推辭

首相鳩山由紀夫之三顧茅廬的邀請拯救日航。日航曾經是日本的國家門面，由於長期經營不善，難以因應 2008 年的全球金融海嘯危機，於 2010 年面臨破產危機，稻盛和夫原已退休，深思熟慮後又重出江湖，拯救當時岌岌可危的日本航空，一樣是基於「利他」的考量，他考慮國家的需要、日航員工與家庭生計的需要、日本民眾搭乘飛機的需要。他一共花了 424 天，將日航轉虧為盈，創造日航歷史上 1,884 億日元的利潤，使日航神奇地在不到 3 年時間內重新上市，而且成為全球第一線航空公司之列，這個案例成為世界 MBA 教科書中的經典之一。日航復甦之後，稻盛和夫並不戀棧，在日航重新上市後即辭去董事職務、退出經營前線，只是象徵性地擔任顧問性質的「名譽會長」，回到自身最在意的公益慈善事業。

　　稻盛和夫 80 多年的生活經驗以及超過半世紀的經營管理，他想要傳達的意念是「思想決定一切」。他認為生活中所發生的一切，都來自於自心的牽引。稻盛和夫說這是轉動世界的絕對法則。你擁有什麼樣的心靈，決定你過什麼樣的人生，這是生活幸福的關鍵，也是做事、做人和企業成功的祕訣。稻盛和夫一生都在探討作為一個人應該做什麼，才能帶來更好的生活方式，這是「稻盛哲學」的最高價值和目標 [3]。

## 二、核心目的

核心目的是組織存在的理由，激勵組織成員工作熱情，鼓勵員工努力不懈，發自內心願意參與及投入。

目的（goal）跟目標（objective）不同，目標可以達成；而核心目的則是百年不變、但永遠不會真正達到。目的有如北極星，它一直在那裡，永遠遙不可及，例如：3M 公司的核心目的不是生產便利貼紙或膠布，而是透過科技改善生活，持續創新來解決問題。

要找出組織真正的核心目的，最有效的方法就是「連問五次為什麼」。首先說出公司提供的產品或服務是什麼，然後問自己「為什麼這個很重要」，同一個問題連續問五次，就會找出組織存在的根本目的；唯有明確的核心目的，才能吸引員工全力以赴 [4]。

核心意識是源自於內在、是出自於真心。建立核心意識不是問：「我們應該有什麼核心意識？」而是問：「有什麼價值是我們真正相信，而且有熱情去堅持的？」重點是：既然是核心價值，就要在行動的各方面展現價值，不是說一套做一套。許多企業都聲稱「創新」是他們的核心價值，但卻很少有企業像 3M 公司一樣，建立了一套完整而堅強有力的制度，來鼓勵員工進行創新。

## 核心意識的人生應用題

理解什麼是核心意識之後，接著我們來思考如何應用核心意識在個人的生涯中。核心意識就是個人人生設計的根基，它影響我們想成為什麼樣的人，也影響我們的抉擇。

臺灣的護國神山台積電創辦人張忠謀先生在談做人及經營公司原則時，都強調「誠信正直」，這是因為他的家庭教育及他進入社會工作的美國公司，都很在乎並強調這項價值觀，對他產生相當深遠的影響，也連帶讓他將「誠信正直」列為台積電四大核心價值之首，這是他經營公司及個人行事的最高依據，不管遇到什麼樣的環境或挑戰都不會改變。

電影《阿甘正傳》（*Forrest Gump*）中飾演男主角阿甘的湯姆・漢克斯（Tom Hanks）在受訪時曾說：「阿甘一生相信的只有三件事：上帝、媽媽以及童年好友珍妮，他人生中的所有作為都靠這三者來過濾、篩選。」智商不高的阿甘傻傻地謹守這三者，造就了幸運而精采的一生。這個故事正好可以證明：以價值觀來驅動人生、成為行事的指導方針，可以幫助我們在人生旅程中，無論順境或逆境都不會迷失方向、更能夠無愧於心。

本書第 2 章請大家練習寫下自己的價值觀與人生觀，現在請回顧當時練習的結果，你可以再次練習並且確認以

下問題的答案：

## 😊 **核心意識練習一：你的價值觀與人生觀是否一致**

1. 我所寫下的價值觀是不是我真正相信，而且有熱情去堅持的？
2. 如果環境改變，某項價值觀可能對我不利，我還會堅持嗎？
3. 我在生活各方面都有切實實踐這些價值觀，不是說一套做一套嗎？
4. 我所遵循的價值觀與人生觀是否清晰明確，能使我與相同理念的人產生連結呢？
5. 針對我所寫下的人生觀問「五個為什麼」，我更清楚自己存在的目的了嗎？

## 😊 **核心意識練習二：你是否真心擁抱你的核心價值？**

1. 你個人帶著什麼核心價值到你的工作上？
2. 你會怎麼告訴兒女，你對工作的核心價值是什麼？
3. 你希望他們長大成人時，秉持什麼樣的核心價值去

就業？

4. 假如明天早上起床時，有一筆錢足夠讓你餘生都不必再工作，你會繼續奉行那些核心價值嗎？

5. 你能否預見在一百年後，這些價值對你的效力仍然和今天相同嗎？

6. 即使其中有一部分成為不利競爭的因素，你還會願意繼續固守那些核心價值嗎？

7. 假如你明天要成立一家不同領域的新公司，不管它屬於哪一個產業，你會把那些核心價值注入新公司嗎？

如果練習一與練習二的 3 至 7 題，你的回答都是正面的，恭喜你，你的核心價值已經在指引你的行動了；如果你的回答有時候是「是」，有時候是「否」，請回到練習二的第 1 題，重新思考它是不是真正驅使行動的價值觀，釐清後再修正 [5]。

## 願景的第二個要素：勾勒出預見的未來

願景的第二個要素就是要能呈現出「預見的未來」。首先，我們要設定未來 10 至 30 年的大膽目標，再用生動

的語彙，描述出目標達成時的情境。

## 一、設定大膽詳細的目標

　　研究證明，具有願景的公司通常都會訂出大膽而詳細的目標，這是激發員工進步的有效方法。能夠落實願景的目標，多半是充滿驅動力，可以集結組織的力量，能夠激發團隊合作的精神。目標應該非常具體，而且清楚到不需要特別的解釋和說明就能讓人立刻了解。例如：六〇年代美國太空總署的登陸月球計畫就相當明確、令人興奮，就算用一百種不同的方式來說明這個目標，也不會令人誤解。

　　但是，許多公司的願景說明都缺乏大膽而詳細的目標，所以無法往前推動實踐。大膽而詳細的目標是和整個組織相關的，可能需要 10 至 30 年才能完成。要設定這樣遠大的目標，我們必須思考如何能超越目前組織的實力和現有的環境；而且光是想出策略和戰術還不夠，我們必須具有遠見，深度思考。目標不一定要百分之百可行，只要有五到七成的機會實現就已足夠，但組織成員必須堅信，只要格外加把勁，再加上一點點運氣，是有可能達成目標的。

## 二、讓夢想看得到

　　組織所預見的未來，要能用生動的語彙來描述，使人們能在腦海中清晰地勾勒出一幅畫面，使未來變得有畫

面、可看見。以汽車大亨亨利 · 福特為例，他想要生產一種普及化、人人開得起的汽車，他這樣描述：「我要為大眾製造一種汽車，它的售價很便宜，只要有正當工作的人都可以買得起，享受和家人一起在上帝所賜的大地上奔馳的美好時光。當我的心願完成時，每個人都買得起車，每個人也都會有輛車。馬匹會從馬路上消失，汽車會成為理所當然……我們還會以豐厚的薪資，為許多人提供就業機會。」[6]

在描述預見的未來時，這個未來畫面至少要符合三個要素：熱情洋溢、真情流露、信念堅定。許多人都不善於表達對夢想的情感，只有真心想要的畫面才能激勵自己，也才能激勵組織成員往前邁進。描繪預見的未來是一個創造的過程，一般決策者訂出的目標總是難以激勵人，例如：生物科技公司宣稱要「提升全世界生物科技的發展」，這個未來顯然平淡無奇，完全沒有可以激勵人的夢想畫面，這是因為我們習慣用分析的方式來描繪未來；如果我們能用生動的語彙把未來描述出來、再訂定大膽詳細的目標，就會更有效。例如：想像自己的公司成為《美國商業週刊》封面故事所報導的模範企業、成為頂尖理工學院或企管學院畢業生都想進入的公司、連續 20 年高獲利成長、管理大師以本公司為傑出管理和前瞻思考的個案……等。

未來是「創造」出來的，不是「分析」出來的，不必擔心所預見的未來是對還是錯，只要確認未來圖像足以激發你的熱情，可以激勵自己不斷往目標邁進就好！

## 願景需要展現超越理性的自信

我們所預見的未來，如何能產生激勵的效果呢？這需要一些大膽的自信和承諾。以萬寶路香煙為例，1950 年代萬寶路香煙在美國的市場占有率只有 9%，排名第 6，當它提出要打敗市場龍頭，成為第一大香煙公司的夢想時，不免令人覺得可笑。索尼公司在五〇年代時是一家財務狀況吃緊的小公司，當時他們提出了要扭轉日本產品在全球低劣品質的形象，當時這個目標聽來有點大言不慚。但是，他們都做到了！除了設定大膽的目標，當然還要對目標有承諾與行動計畫，才能實現夢想。研究顯示，具有願景的公司也會展現高度的能力，來實現他們大膽的目標——不是靠領袖魅力、策略規劃，而是靠組織的力量創造未來。

李盈穎於 2022 年 7 月 15 日在「商周 CEO 學院課堂筆記」專欄內，曾經以「世界級公司的願景，都關注同一件事」為題，舉例說明世界級公司的願景以及特色。李盈穎描述願景就是「當我們成功了，我們看起來像什麼樣子」的具體描述，也就是在某個較長的時間點後，我們希望站

立的地方。願景描繪出一種畫面，有激勵人心的感召力！

世界級公司的願景都是怎樣的呢？以下舉例說明：

可口可樂公司的願景為：「藉由品牌與行動，激發樂觀與快樂的瞬間」「創造價值，與眾不同」。

NIKE 公司的願景是：「為全球每位運動員提供靈感與創新」。

GOOGLE 願景為：「讓全球的資訊一鍵取得」。

TESLA 的願景是：「以加速全球轉向永續能源為使命。」

小米願景為：「和用戶交朋友，做用戶心中最酷的公司」。

這些企業能夠引領全球趨勢，不只是因為願景夠大，並且他們都能以顧客為中心。

在個人層面上，我們需要花時間靜下心來好好「做夢」，做夢不需要受到任何限制，只要在腦海中勾勒出自己嚮往的美好人生圖像，最好透過視覺化的方式將它呈現出來，讓夢想栩栩如生。我曾在課堂上請學生把夢想做視覺化的呈現，我發現大家所設計出來的夢想圖像都非常吸引人：有人把自己的照片放在雜誌封面，成為「年度風雲人物」；有人呈現自己親手打造的渴望小木屋；還有人放上全家角色扮演的幸福家庭夢想圖。

　　當同學口頭分享著自己的圖像化人生夢想時，我可以感受到這些圖像讓大家對人生願景充滿具體的想像、更能大膽前進，透過圖像與文字的雙重力量，為實踐夢想注入強烈的能量。他們也在課後與我分享：「在尋找圖片的過程中，感覺夢想越來越具體，好像真的可以實現」、「和朋友分享我的夢想圖像，竟意外找到志同道合的夥伴一起實踐夢想」、「原本以為現在的生活模式固定，不可能有什麼改變；做了練習之後才發現心中還有好多想做的事，都想去試試看」。這些迴響令人感動，也感受到我們的日常生活可能過於理性而被侷限在制式化的例行生活中。透過這個練習，把膽子放大、把眼光放遠，養成隨時覺察自己的習慣，同時也要特別注意自己的「行動意念」與「人生觀」要對齊一致。

　　讀到這裡，你是否也心動了呢？現在請你做一做以下的練習，透過這些問題來想像未來，大膽做夢。

☺ **預見未來練習**

請試著回答以下的問題，藉此想像未來，並且提供視覺圖像或圖像化的描述，如：

✦ 假如可以看到十年後的我，我希望看到什麼？

✦ 如果我想要成立一家公司，我希望它是什麼樣子？

✦ 如果有一家知名雜誌要做我們這家公司的專訪，它會如何描述？

✦ 請將你的願景以圖像化呈現出來（可以先借用網路或雜誌上的圖片）。

✦ 完成之後，加上一句超越理性的自信語錄，並且大聲地念出來！

思考什麼，就會成為什麼樣的人，把注意力放在你打算造就的事物上。

# [4.3] 圓夢行動二：自我領導

## 做自己人生的老闆，學習有意的領導

　　願景引領我們設定一個值得努力的方向，接下來的行動歷程就需要靠個人「有意識」的自我領導了。所謂「有意」，相對來說就是「無意」，以組織為例，有些領導人具備清楚的意圖，知道要把組織帶往哪裡去；也有領導人是無意的領導，他們將自己定位為輪值當班的「值日生」，只需要把例行的或交辦事情完成，輪值的時候不要有什麼事情發生就好，因此他們不會問「為什麼」，也不會想怎麼做會更好。

　　美國 GiANT Worldwide 和 GiANT 公司的共同創辦人傑若米・庫別斯克（Jeremie Kubicek），著有《讓你的領導力活起來》等多本暢銷書[7]，他專注於轉型領導、情緒智能和個人成長課程，極力推崇「有意領導」（Intentional leadership）。他點出一個現象：每個人每天早上醒來，不管有沒有意識到，都有各種優先事項要處理；可惜的是，這些優先事項常常環繞著解決眼前困境、回應緊急「救火」的事情，使得我們每天忙於回應世界的憂慮，以及只想滿

足眼前簡單的需求。這樣的生活型態扼殺了創新想法的出現，組織領導人沒有連續性的戰略和觀點，也缺乏整體思維的領導與領導文化[8]。

你能不能成為一個有意領導的人呢？此時你心中可能有一點疑惑，也可能會想：我又沒有兼任行政職務，我不是主管，也不想成為主管，學領導有用嗎？答案是肯定的。想想我們每個人在「工作」上花了大多數的時間，無論是找工作、拼工作、換工作，工作都是每個人生涯藍圖最重要的一個板塊。當然，你一定也認同，工作絕不是人生的全部，人生需要關注的板塊還包括：健康、財務、關係、休閒、學習，只有透過整體的設計與有意識的自我領導，才會使我們感覺平衡滿足、行動有力。

我相信每個人只要被給予機會、被適度加以鼓勵，都會願意為工作而打拼，都會希望自己的努力被認可、被提拔成為領導人，為組織做更多的事、賺更多的錢。「生涯」比「工作」的範圍更大，我們為什麼不把自己的生涯當成是一個需要管理的組織，做「我」這家公司的老闆呢？如果做自己人生的老闆，你會滿足於只完成例行業務的「無意」領導？還是會想「有意」領導，讓「我」得以成長茁壯又能獲利呢？

## 如何有意識地領導自己？

組織的成長是透過領導人「有意」想要提高成效來達成的，只要老闆想要達成某一個績效，有意識地全面採取行動，就一定可以達到目標。我自己的經驗百分之百呼應：只要真心想要，必然可成。我曾經在臺北市的一所國中擔任國中老師，當時（八〇年代）老師的最高價值就是要領導學生「完美升學」，也就是把男生送進建中、把女生送入北一女。為達此目標，學校會定期公告各項考試全校排名，學校公告的不只是學生的排名，更反映出老師的排名。結果，不只學生充滿壓力，老師們也都戰戰兢兢。沒有一個老師希望他領導的班級考試成績吊車尾，因此大家都使出渾身解數、祭出各種督導策略，希望學生可以投入更多時間、優先學習自己所任教的那個科目。我也發現只要老師的要求具體、明確，在清晰的領導下，學生的優異成績一定是朝向老師「有意領導」的那個科目展現。

同樣的，在面對自己的人生時，如果你也能有意領導，結果一定會大大不同。夢想能否實踐，重點不是「能不能」，而是「要不要」的問題。想要學習如何有意領導自己的人生，可以向組織管理取經，例如：想要刺激業務增長的老闆，一般會在以下的層面有意地實行：

1. 有意地利用時間，不浪費時間。
2. 有意地提高領導層級的水準。
3. 專注於成長，注意自己的團隊和組織發展。
4. 對於自己的成長有意識、有知覺；當然也能察覺到自己
「沒有成長」。

　　以上第 2 點看似不適用於個人，但是，不浪費時間、注意自己的組織、注意自己成長與否，都跟個人生涯有關，因此若從個人的角度來看，我們可以把第 2 點轉化成「有意識地選擇團隊與結交朋友」。朋友會在多方面影響你，包括：時間利用、心情好壞、積極成長或消極生活。從第 3 章的好時光日誌與 AEIOU 練習，你一定可以覺察哪一種人跟你比較能「心靈相通」。「找到對的人」也是需要有意識去培養的一種技能。

向組織管理取經，學習有意的自我領導

| 透過有意的自我領導，實踐人生夢想 |
| --- |
| ✦有意識地利用時間，不浪費時間。<br>✦有意識地選擇團隊與結交朋友。<br>✦專注於成長，注意自己的團隊和組織。<br>✦對於自己「有沒有成長」或「有什麼樣的成長」都有意識、有知覺。 |

暢銷書作家與人氣講師艾瑞克・奎爾曼（Erik Qualman）曾在麻省理工學院與哈佛大學共同創建的 edX 線上學習平台擔任教授。他發現「專心」是各界菁英一致認同的成功關鍵，但是身處在這個容易分心的斜槓時代，那些五花八門推陳出新的專注力提升方法，到底哪些才是真正有效呢？他為此設計為時一年的「專注力實驗」，每個月在工作、家庭、健康、心靈、人際等面向中，擇一設定為當月主題，透過有效的專注力提升方法，讓生活和工作達到平衡，讓自己對人生感到滿意。他的實驗結果和上述的有意領導非常契合：透過有效管理時間、謹慎經營人際關係（尤其是不剝奪與家人朋友的相處時間），學習活在當下、練習正念覺察等，使我們更加專注在人生真正重要的事情上，活出自己真正想要的理想人生，這就是有意領導的終極目標 [9]。

# [4.4] 燒腦的練習，成長的關鍵

在這一章中，我們談到圓夢行動的兩個部分：「寫下人生願景」以及「有意自我領導」。這些內容有一點燒腦，但是，學習有意領導、成為自己人生的老闆卻非常重要，

個人生涯學習的持續或是停滯，可能就在這一章的練習中拉開距離。本章的問題與練習活動都需要動腦思考，建議你每天保留一點時間靜心練習有意領導；如果無法每天練習，至少一週進行一次的回顧與反思，跟自己深度對話。如果能找到夥伴一起來「團練」也很棒，大家可以相互激勵與支持，一同前進，幫助彼此在忙亂的日常生活中，保持平靜安穩。

有意領導的概念跟「自我導向學習」（Self-Directed Learning, SDL）有異曲同工之處，一個人能不能領導自己朝著想要的人生邁進，跟自我引導的能力有關。關於自我導向學習在人生設計上的應用，我們會在下一章做進一步的說明。

## ☺ 人生設計練習題

1. 請針對本章的「預見未來練習」寫下你的答案，並與 2 到 3 位親友分享。

2. 你如何有意識地自我領導，成為想要的自己呢？請應用下表來進行練習。

| Part 1　時間管理 | |
|---|---|
| 試著畫出你的一天生活時間表，建立你想要的生活型態 | |
| 時間 | 活動（可描述該活動以及相關的人事地物，包含工作課業、健康以及人際互動相關活動） |
| 早上 | |
| 下午 | |
| 晚上 | |

| Part 2　反思日記 | | |
|---|---|---|
| 每日選擇你所關注的三件事， | | |
| 檢視自己是在進步中、停滯中，或是正在退步中？ | | |
| 當日事件 | 我的回應（想法或作法） | 自我評估 |
| 1. | | |
| 2. | | |
| 3. | | |

| Part 3　社交模式 |
|---|
| 請依下表盤點自己的朋友圈（包含線上或實體社群） |

| 朋友圈屬性 | 你在該朋友圈所扮演的角色 | 朋友圈幫助你成長的程度<br>(-10 到 10) | 朋友圈對你的重要程度<br>(-10 到 10) | 你與朋友圈互動的頻率<br>(-10 到 10) |
|---|---|---|---|---|
|  |  |  |  |  |
|  |  |  |  |  |
|  |  |  |  |  |

第 4 章練習表單
學長姊的人生設計練習案例

**在實踐中學習。聽別人講一百次，不如自己實踐一次。**

# MEMO

第 **5** 章

# 人生持續成長的終極能力
## ——自我導向學習力

與其回首過去，我寧可望向二十年後，

思考現在的我應該怎麼做才能順利到達那裡。

——黛安娜・羅斯

## [5.1] 人生樹成長的關鍵

　　我住在由先生自己一手打造的農場，在這片土地上生長著各式各樣的花草樹木，我有很多機會可以觀賞這些歷經風霜、日曬雨淋卻依然「百折不撓」的植物，這些植物帶給我許多關於生命的深刻體悟。記得有一次，屋外來了一輛大卡車，載著兩株根部相連的百年茄苳樹，先生告訴我說是「朋友送的」。（我後來才知道，凡是他所謂朋友送的，大多數都是他花一點點錢買的。凡有美物出現在農場時，我總是會好奇詢問，而他總是氣定神閑地說是「朋友送的」，久而久之，我逐漸弄懂他的回應模式，也了解真相，但還是覺得這種說法很有智慧，代表他有很多朋友，而且朋友都對他很好，不吝提供他各種資源，助他圓夢。擁有良好的人際關係，不就是幸福的祕訣嗎！）話說這兩棵茄苳樹非常特別，它們剛來我家報到時，「身上」一片葉子都沒有，看起來真像是裝飾用的一根枯樹幹，我一開始也真的以為它們是「死」的，不以為意。直到有一天，我在園中散步時，突然發現它們已經枝繁葉茂，昂首挺立了。

**枝繁葉茂的百年茄苳樹，與當初乾枯模樣判若兩「樹」**
**（攝影：蔡宗翰，嘉義市攝影協會）**

　　這兩棵茄苳樹給我很深的體悟，我們面對百年人生，如果想要持續生長、枝繁葉茂，一方面「樹根」要扎得深，另一方面「樹幹」要長得壯，如此就能因應外在環境的變化。那麼，從人生設計的角度來看，哪一種能力可以被視為是樹之幹呢？我認為無非就是「自我領導」及「自我導向學習」的能力。自我領導能力在前一章已經談過了，這一章要來探討自我導向學習在人生設計上的應用。

　　所謂自我導向學習（Self-Directed Learning，SDL）是指一個人能夠自主決定學習目標、選擇學習策略、找到學習資源、執行學習活動、能監控自己的學習過程、並反思學習過程的能力。這種能力包括自我評估、自我規劃、自我監控和自我調整等多層面，是一種高度主動和自主的學習方式。

# 5.2 自學成才是個人持續發展的祕訣

　　過去我們所接觸到的學習資源幾乎只有印刷品、傳統課堂、講座和研討會這幾種類型；時至今日，我們有超文本、音頻、視頻以及各種多媒體，這些媒體或超媒體都有不同的特點，市面上的學習機會也很多元。面臨這種資訊爆炸的情境，學習者需要根據個人的內在價值來進行評估，才能選擇適合的學習方式，這種情況正呼應了認知理論學者們的提醒：只有學習者本人才是促使學習行為發生的源頭。「自學成才」是一種很有價值的學習方法，可以大大節省學習經費、提高效率，用學術語言來說就是指自主學習或自我導向學習。

　　美國成人教育之父諾爾斯（Malcolm Knowles）認為，學習的最終目標就是要能夠成為自我導向的學習者，一個人只有透過為自己的學習負責，才能創造出最佳的學習成效。諾爾斯把自我導向學習定義為：個人在有他人或沒有他人幫助的情況下，能主動診斷自己的學習需求、制定學習目標、確定學習的人力和物力資源、選擇適當的學習策略、採取行動並且能評價自己的學習結果。諾爾斯認為成人都有自我導向學習的能力，特別是當他們對某一種知能

有所需求，也知道為什麼需要學習這些知識或技能時，就能展開自主學習的歷程 [1]。

## 何謂自我導向學習？

　　自我導向學習是由學習者主動參與的一種系列學習，總時數至少七小時，每一次的活動至少有一半的動機是為了得到或者保留某些相當明確的知識，或產生某一些持久性的行為改變。在自我導向學習過程中，可能會有協助者，也可能由學習者獨立自學，他們透過不同的方式確定自己的學習需求，建立自己的學習目標，確認所需要的資源並選擇合適的學習策略，按照自己的步調來執行這些策略，並能評估自己的學習成果 [2]。

　　1960 年代開始，自我導向學習的概念風行美國，學者們探討了自主學習的多個面向，有些研究著重於自我導向的學習歷程，有些注重分析自我導向的人格特質，還有一些研究在探討自我導向的學習型態，研究發現自我導向學習的人通常會展現出道德、情感以及知識上的自主能力，而那些有高度自主性的人，他們會更願意而且更有能力控制自己的學習情境，並積極培養自主學習的技巧，以提高自主權。自我導向的人比較能下決心、做決定、具有主動性以及責任感，當他們發現有問題需要解決或者需要獲取

某些技能或訊息時，通常會主動開始搜尋相關訊息、觀念及技能，也會對所獲得的技能、觀念和知識進行評鑑，來決定要接受或拒絕這些訊息，直到達成目標為止。

也有研究把自我導向學習定義為一種包含了擬訂、執行和評鑑計畫的能力。將自我導向學習視為是一種能力的研究中，最有名的就是露西・古列爾米諾（Lucy M. Guglielmino）[3]，她將自我導向學習能力描述為一種能自行引發學習、具有自我訓練的能力，有強烈的學習欲望和信心，能應用基本學習技巧、安排學習步驟，能利用時間完成學習計畫。早期關於自我導向學習能力的評估研究，大多是以古列爾米諾在 1977 年的研究為基礎，相關研究結果指出由自我導向學習能力可以預測成年人在職業發展上的成功，自我導向學習能力高的人擁有更強的學習動機和自信，能夠更有效地適應職場上的變化和挑戰，並在職業生涯中取得更好的成就。研究也發現老年人如果能透過自我導向學習新技能，他們的認知功能會得到改善。自我導向學習能力高的老年人，大腦擁有更大的灰質質量和更厚的皮層厚度，這些都是與認知功能有相關的大腦結構。能自我導向學習的人更容易學習新資訊，能更敏銳地保持注意力，也更傾向於參與社交活動 [4]。

綜合過去的研究，我跟我的研究團隊歸納出自我導向

學習有以下五大能力：

1. 能夠診斷自己的學習需求，有覺察能力。

2. 能夠設定自己的學習目標，有規劃能力。

3. 能夠執行自己的學習計畫，有執行能力。

4. 能夠分析自己的執行狀況並且修正，有評鑑能力。

5. 能夠與人互動以促進自己的學習，具有連結能力。

　　研究發現，有 70% 的成年人是屬於自我導向的學習型態，大多數成年人喜歡依照自己的步調來自主學習，他們明白自己要對自己的生存與生活負責，渴望被視為是有自主能力的個體，有能力從依賴轉向獨立，並有自信能夠找到自己的方向。

# [5.3] 自我導向學習感受幸福

　　自我導向學習的人能夠自主規劃，學習新的技能、參與社會活動、培養興趣嗜好、促進健康的生活方式、提升生活品質。他們透過自我實現、個人成長及自我掌控三方面的積極表現，感受更高的幸福感。

　　**在自我實現方面**，自我導向學習能力可以幫助一個人

實現自我價值，透過自主學習不斷發現自己的潛力和能力，更有機會與動力實現目標和夢想。一個人在實現自我的過程中，會產生極大的幸福感。

**在個人成長方面**，透過自我導向學習，一個人能夠不斷地成長和進步，感受到自身的進步與成長將有助於提升自我效能，讓自己感到更幸福。

**在自我掌控方面**，藉由自我導向的學習更能掌控自己的生活，不必倚賴他人，也可以自主選擇想要的學習內容，採取喜歡的學習方式、控制個人的學習進度。自我掌控也就是自主決定，日本的研究調查指出，影響年長者主觀幸福感的因素，包括：身體健康、人際關係、能自主決定自己的人生，可見自我掌控和個人主觀幸福感有非常密切的關係[5]。

以我先生為例，我覺得他是不折不扣的自我導向學習者。儘管他大學念的是體育系，但是天生充滿藝術細胞，他說在考大學時曾經認真思考要選擇美術系還是體育系。由於家境清寒，必要的目標就是要考上不用繳學費的師範大學系統。雖然他對於美術與體育都有濃厚的興趣，慎重考慮後，感覺自己好像比較想要「動」態的生活，因此就挑戰師大體育系，也順利上榜了。大學畢業後，他出國進修碩士與博士學位，進修主題是延續運動相關的研究、回

國後也都從事體育運動的教學研究，但是他的藝術細胞始終非常活躍。他利用教學之餘，開始植花種草玩園藝，從家中的「保麗龍花器」開始種花（我也不確定保麗龍算不算花器，可能只是廢物利用罷了）。直到今天，他竟然擁有了一個八分地的農場，春天栽種他自己成功嫁接的樹玫瑰，夏天荷蓮盛大開放，秋冬滿園落羽松，加上五彩繽紛多姿多采的九重葛，都是他自己看書、到處觀摩學習以及請教他人所累積的學習成果。我多半只能從家裡的廁所、書架上他添購的新書類型來窺見他最新的「心之所向」。

記得兩個孩子還在唸小學的時候，我們還沒有搬來農場居住，我由於工作家庭兩頭忙，也沒有多餘的時間去關心他如何在忙碌的教學研究之餘，還能處理農場大小事。有一天聽到一位朋友跟我說：「聽說黃老師（就是我先生）要養馬！」我心裡想：「養馬？不會吧，怎麼養啊！」

透過自我導向學習打造出獨特的「終生」（鐘聲）學習樂齡休閒農場（攝影：蔡宗翰，嘉義市攝影協會）

直到有一天，我在家中他專用的廁所內，真的發現好幾本關於「馬」與「馬術」的書籍，我開始相信我家即將會迎來馬匹了。果不其然，接下來我們度過了一段時常與馬捉迷藏的日子，畢竟，八分地的農場，無法滿足習於原野奔馳的馬兒日常生活，有幾次家裡有一匹馬從農場出走，跑到馬路上，闖進鄰居的農田，場面十分驚險，實在吃不消。

談到自我導向學習能力，若要我在認識的友人當中推薦一位「自我導向達人」，就非他莫屬了，如果你讀完本章之後，對於如何自我導向學習還是不太清楚，建議你來農場欣賞他的傑作，順便跟他聊一聊吧！

農場裡自在悠遊的動物，成為療癒與激發靈感的動態風景
（攝影：黃清雲）

## [5.4] 自我導向學習助你從容應變，實踐想要的人生

在變動的未來，自我導向學習可以說是實踐想要的人生必備能力，這種能力不只可以應用在學校課業上，在人生各階段的旅途中，一樣不可或缺，不管是離開校園進入職場、或是離開職場自行創業，自我導向學習都能夠幫助我們更有能力實踐夢想；在面臨挑戰時，也能從容度過難關。除了前面提到的農場主人外，以下再和大家分享兩個運用自我導向學習能力在人生中自我超越的案例：

### 案例一：高中學霸用自我導向學習，實踐不一樣的精采人生

幾年前有個北一女學霸在網路上販賣讀書筆記賺學費，這個女孩叫做未秧 Winter[6]。現在的她已經大學畢業，畢業後沒有進入大企業上班、也沒有選擇出國留學，而是自行創業、經營自媒體，透過 YouTube 頻道、線上課程以及出書來教學生如何學習，希望讓學習變得更有趣。

創辦公司、校園演講、從事 YouTuber 等，這麼多元的工作所需要的技能，幾乎無法從大學課堂中獲得，但未秧卻能從中做出一番成績，靠的就是自我導向學習的能力。

例如，沒有經驗的她在面試新員工之前，會先翻閱與面試相關的書籍，用一小時瀏覽有關招募、領導章節以掌握重點；在面試結束後則是迅速記下自己遇到的問題，然後繼續尋找解決方法。開始嘗試拍影片時，她發現需要一手包辦攝影、剪輯、模特兒、化妝等工作，在經過多次嘗試與學習後，也摸索出一套能在十分鐘快速完成拍攝準備的方法，有效率地蒐集問題的相關資料，並精準掌握關鍵重點。對她來說，透過自主學習快速統整資訊以及快速掌握新技能，可以幫助她因應變動的環境，持續不斷地實踐預定目標與理想人生。

有些粉絲跟她年紀相仿，也開始逐漸步入職場、面臨新的挑戰，而這些都需要靠自我導向學習來因應。的確，離開校園後，不會再有老師幫你制訂學習目標、規範學習內容，因此繼續擁有學習動機就成了人生幸福與否的關鍵。未秧認為，只要發自內心認同自己的動機，並確立目標，每天撥出一點時間認真做自己想做的事情，由自己保有自主權來控制學習的進度與難度、自律地執行，就會有一種逐步邁向夢想的踏實感。

此外，她也提到在一開始可以透過「拆解技能」來降低不必要的焦慮，不需要一次就要求自己完美到位（正如她的面試以及拍攝影片經驗），將問題拆解成幾個較小的

問題之後就會發現，每一個步驟其實都不難，只需要跟著
自己安排的進度走，最終就能抵達夢想。

　　從未秧的例子中，我們可以發現：她不斷釐清自己的
需求、持續行動實踐，透過反思來調整策略與方向，在過
程中建立了一套自我導向學習的模式與哲學。自我導向學
習能力像是為她加上了一對翅膀，讓她能夠更輕鬆地探索
新事物、追求人生夢想，即使面對挑戰時也能從容應對。

## ☺ 未秧的自我導向學習密技

### 一、自我導向學習的心法

1. 心態對了，就會產生行動（不用擔心太多，先做再說）。
2. 釐清、認同自己的內在動機，保持熱忱與好奇心。
3. 行動過程中保有自主權，自己控制進度與難度。

### 二、自我導向學習的方法

1. 拆解技能以降低焦慮，將大困難拆分成小任務。
2. 有基本準備／能力就可以行動，不必等到資訊完整才行動。
3. 行動時要記錄問題及解決方式。
4. 對於資訊、時間、學習任務都要有意識地選擇與安排優先順序。

## 案例二：意外提早退休的中年人，透過自我導向學習開創出未曾想像的美好人生

嫻人原本是金融業高階主管[7]，擁有令人羨慕的工作與薪水，然而卻因為公司改組，使她在 49 歲時意外「被退休」，提前離開職場。一開始，她和那些無預警失去工作的中年人一樣徬徨不安，雖然肩頭上頓時卸下了工作所帶來的高度壓力，但是有關收入來源、時間安排、他人眼光、人生意義等從沒有想過的問題，卻也同時浮現心頭。

儘管徬徨不安，但她清楚知道現階段的首要目標就是要先確保未來生活的金流，因此開始研究國外的理財訊息、大量閱讀財經書籍，思考適合自己的投資方式與哲學，重新調整目前狀況所需的投資策略，為自己打造安全現金流，緩解因提早退休而對金錢所產生的不安。

在針對首要目標展開行動時，她也跟一般中年人一樣要承擔照顧長輩之責，但是，她仍然發揮自主的精神，利用時間去嘗試過去有興趣、但一直沒有機會行動的各種事物，例如：學日文、考導遊證照等，積極探索新事物以及思考未來的可能發展。她也勤於筆耕，將提早退休（被退休）所歷經的失落、尷尬、困惑與自我調適的探索心情作為書寫主題，將這些心路歷程與經驗發布在部落格中，提供網友們參考。為此她還自學架設網站，學習關鍵字優化

SEO 等電腦技能。她認為，一般人進入社會之前要念四年大學，那麼在進入人生下半場時，至少探索個四年也不為過吧！

　　這些學習原本都只是要幫助自己度過提前退休的低潮期，同時為自己的下半場人生進行更多探索。慢慢的，她的分享開始被更多人看見、產生共鳴，有 podcast 節目邀請她分享退休心情、也有企業、機關找她演講上課。2022 年更將提前退休的心得出版成書，並且頻繁地上電視、廣播接受專訪、撰寫專欄，儼然成為中年人在退休準備領域的好學姊。

　　從意外提早退休到意外出書演講，都是她始料未及的人生經歷。一路上，她憑藉著自我導向學習能力來釐清需求、確認目標、有紀律地執行，並透過定期檢視來做必要調整，她認真又佛系地因應意外人生的挑戰：一方面透過自我導向學習來與世界接軌、確保經濟獨立不需依靠另一半；另一方面也積極安排學習、旅遊、研究古蹟等興趣活動，對於可能的發展結果也是抱持佛系心態，正向而務實地面對。對於年近半百的她來說，也許仍有焦慮與困惑，但是自我導向學習能力為她創造了持續前進的動力以及成長的空間，即使面對意外也能從容接招，並轉化為能量，陪伴她持續開拓美好的人生下半場旅程。

## ☺ 嫻人的自我導向學習密技

### 一、自我導向學習的心法

1. 面對預期之外的人生挑戰，給自己一些時間去探索答案，重新學習。

2. 不要被年齡限制住，學習新事物永遠不嫌遲。

3. 時時反思，正向看待挑戰。

### 二、自我導向學習的方法

1. 確認階段性首要任務（以嫻人狀況為例，退休初期的首要任務是確保財務韌性），並依此整理出相關的學習需求以及具體行動。

2. 依照興趣、未來可能發展，主動尋找相關新知與學習資源，培養新技能與優勢。

3. 整理自我導向學習過程中的探索與學習心得，與社群夥伴分享、互相支持。

　　從以上的理論及案例中，我們都可以發現，具備自我導向學習能力的人在面對困境時能主動探索、學習新知識與新技能，因此也更有能力面對快速變遷、難以預測的世界。在實踐夢想的路上，自我導向學習可以助我們一臂之力；在遭遇變故時，也能靠著自我導向學習能力生存下來、重新站穩腳步再出發。將自我導向學習能力稱為迎向百歲

人生時代的終極生存力，一點也不為過！

## [5.5] 評估自己的自我導向學習能力

　　自我導向學習能力可以說是 21 世紀公民的基本能力，我在 2022 年一項國科會的研究中發展了自我導向學習能力的五大面向，包括：學習需求評估能力、規劃能力、執行能力、自我評鑑能力以及人際互動能力 [8]。上述兩個案例主角未秧與嫻人的自我導向學習密技與我的研究結果非常吻合，再次證明她們能從容應對學校沒有教的人生課題，跟擁有卓越自我導向學習的能力很有關係。

　　不過，研究也指出，成年人雖然喜歡自主學習，但是很多人沒有具備自我導向學習的能力。你想不想知道自己具備哪幾項自我導向學習能力呢？請應用下表的評估指標，進行自我評估吧！

### ☺ 自我導向學習能力評估

　　以下共有 5 大面向、25 個指標，每一個選項由 1 至 5 分別代表「從未如此」、「偶爾如此」、「有

時如此」、「常常如此」以及「總是如此」，請根據
自己的實際情況進行勾選：

第一部分、自我導向學習能力指標——自我評估

| 1. 學習需求評估的能力<br>（會評估、感知自己想要學習、有<br>學習需求） | 1<br>從未如此 | 2<br>偶爾如此 | 3<br>有時如此 | 4<br>常常如此 | 5<br>總是如此 |
|---|---|---|---|---|---|
| 1-1 我知道自己有哪些地方需要學習 | ☐ | ☐ | ☐ | ☐ | ☐ |
| 1-2 我知道自己在學習哪些議題時更專注 | ☐ | ☐ | ☐ | ☐ | ☐ |
| 1-3 我知道自己能力的強項 | ☐ | ☐ | ☐ | ☐ | ☐ |
| 1-4 我知道自己需要學習什麼 | ☐ | ☐ | ☐ | ☐ | ☐ |
| 1-5 我知道自己哪些能力需要加強 | ☐ | ☐ | ☐ | ☐ | ☐ |
| 2. 規劃的能力<br>（能夠設定學習目標、規劃行動） | 1<br>從未如此 | 2<br>偶爾如此 | 3<br>有時如此 | 4<br>常常如此 | 5<br>總是如此 |
| 2-1 我會設定自己的學習目標 | ☐ | ☐ | ☐ | ☐ | ☐ |
| 2-2 我會規劃自己的學習策略 | ☐ | ☐ | ☐ | ☐ | ☐ |
| 2-3 我會安排自己學習需求的優先順序 | ☐ | ☐ | ☐ | ☐ | ☐ |
| 2-4 我會寫出自己的學習計畫 | ☐ | ☐ | ☐ | ☐ | ☐ |
| 2-5 我會預設自己的學習成效 | ☐ | ☐ | ☐ | ☐ | ☐ |

| 3. 執行的能力<br>（有行動策略、能夠執行學習計畫） | 1<br>從<br>未<br>如<br>此 | 2<br>偶<br>爾<br>如<br>此 | 3<br>有<br>時<br>如<br>此 | 4<br>常<br>常<br>如<br>此 | 5<br>總<br>是<br>如<br>此 |
|---|---|---|---|---|---|
| 3-1 我會寫大綱來幫助自己理解 | ☐ | ☐ | ☐ | ☐ | ☐ |
| 3-2 我會把學習內容做成筆記 | ☐ | ☐ | ☐ | ☐ | ☐ |
| 3-3 在聽老師講課時，我會提問來幫助自己學習 | ☐ | ☐ | ☐ | ☐ | ☐ |
| 3-4 我會尋找學習資源 | ☐ | ☐ | ☐ | ☐ | ☐ |
| 3-5 在學習過程中我會寫下看見的問題 | ☐ | ☐ | ☐ | ☐ | ☐ |
| 4. 自我評鑑的能力<br>（針對自己的學習情況做評估、修正及反思） | 1<br>從<br>未<br>如<br>此 | 2<br>偶<br>爾<br>如<br>此 | 3<br>有<br>時<br>如<br>此 | 4<br>常<br>常<br>如<br>此 | 5<br>總<br>是<br>如<br>此 |
| 4-1 我會檢查自己的學習進度 | ☐ | ☐ | ☐ | ☐ | ☐ |
| 4-2 我會檢核自己的學習目標是否完成 | ☐ | ☐ | ☐ | ☐ | ☐ |
| 4-3 我會在學習過程中反省思考 | ☐ | ☐ | ☐ | ☐ | ☐ |
| 4-4 我會記下朋友給我的學習回饋 | ☐ | ☐ | ☐ | ☐ | ☐ |
| 4-5 我會針對朋友對我的回饋進行修正 | ☐ | ☐ | ☐ | ☐ | ☐ |

| 5. 人際互動的能力<br>（與他人互動以促進自己學習的能力） | 1<br>從未如此 | 2<br>偶爾如此 | 3<br>有時如此 | 4<br>常常如此 | 5<br>總是如此 |
|---|---|---|---|---|---|
| 5-1 我會參與有人際互動的學習團體 | ☐ | ☐ | ☐ | ☐ | ☐ |
| 5-2 我會用通訊軟體與學習夥伴進行交流 | ☐ | ☐ | ☐ | ☐ | ☐ |
| 5-3 我會用口語方式向學習夥伴表達我的想法 | ☐ | ☐ | ☐ | ☐ | ☐ |
| 5-4 我會主動與學習夥伴一起討論 | ☐ | ☐ | ☐ | ☐ | ☐ |
| 5-5 我會與學習夥伴保持良好的關係 | ☐ | ☐ | ☐ | ☐ | ☐ |

接著，請進一步寫下自己在每一個指標上的具體內涵：

第二部分、自我導向能力學習需求——內涵評估

| 向度 | 自我評估（請寫下你的答案。如果還不清楚，就勾選「我還不清楚」） |
|---|---|
| 【一】<br>需求<br>評估力 | ☐我知道自己的人生需要學習的地方，包括：<br>＿＿＿＿＿＿＿＿＿＿＿＿＿＿＿＿。<br>☐我還不太清楚自己人生需要學習的地方有哪些。 |

| | |
|---|---|
| 【一】<br>需求<br>評估力 | ☐我知道自己在學習以下議題時更專注：<br>＿＿＿＿＿＿＿＿＿＿＿＿＿＿＿＿＿＿。<br>☐我還不太清楚自己在學習哪些議題時更專注。<br>☐我知道自己能力的強項是：<br>＿＿＿＿＿＿＿＿＿＿＿＿＿＿＿＿＿＿。<br>☐我還不太清楚自己能力的強項是什麼。<br>☐我知道自己需要學習：<br>＿＿＿＿＿＿＿＿＿＿＿＿＿＿＿＿＿＿。<br>☐我還不太清楚自己需要學習什麼。 |
| 【二】<br>規劃力 | ☐為了實現人生藍圖，我設定的學習目標為：<br>＿＿＿＿＿＿＿＿＿＿＿＿＿＿＿＿＿＿。<br>☐我還不太清楚如何為人生藍圖設定學習目標。<br>☐為了實現人生藍圖，我的學習策略規劃為：<br>＿＿＿＿＿＿＿＿＿＿＿＿＿＿＿＿＿＿。<br>☐我還不太清楚要如何規劃實現人生藍圖的學習<br>策略。<br>☐為了實現人生藍圖，我安排自己的學習需求優<br>先順序為：<br>＿＿＿＿＿＿＿＿＿＿＿＿＿＿＿＿＿＿。<br>☐我還不太清楚要如何為人生藍圖安排學習需求<br>的優先順序。<br>☐為了實現人生藍圖，我已經有一個生涯學習計<br>畫，如：＿＿＿＿＿＿＿＿＿＿＿＿＿＿＿。<br>☐我還不太清楚怎麼做生涯學習計畫來實現人生<br>藍圖。 |

| | |
|---|---|
| 【三】<br>執行力 | ☐ 在學習實踐生涯藍圖時，我要尋找的學習資源包括：_____。<br><br>☐ 我還不太清楚在實踐生涯藍圖時要尋找哪些學習資源。<br><br>☐ 在學習實踐生涯藍圖時，我看見的問題包括：_____。<br><br>☐ 我還不太清楚在實踐生涯藍圖中的可能問題。 |
| 【四】<br>自我<br>評鑑力 | ☐ 在學習實踐生涯藍圖時，我用_____（方式）檢查自己的學習進度。<br><br>☐ 我還不太清楚如何檢查自己實踐生涯藍圖的學習進度。<br><br>☐ 在學習實踐生涯藍圖時，我用_____（方式）檢查自己的學習目標有沒有達成。<br><br>☐ 我還不太清楚如何檢核自己為實踐生涯藍圖所設定的學習目標，有沒有達成。 |
| 【五】<br>人際<br>互動力 | ☐ 在學習實踐生涯藍圖時，我參與的人際互動團體，包括：_____。<br><br>☐ 我還不太清楚要參與哪些人際互動學習團體來幫助我實踐生涯藍圖。<br><br>☐ 在學習實踐生涯藍圖時，我習慣應用_____方式或應用_____通訊軟體與夥伴交流。<br><br>☐ 我還不太清楚要使用哪些方法或通訊軟體與夥伴交流以幫助我實踐生涯藍圖。 |

| | |
|---|---|
| | □在學習實踐生涯藍圖時，我與學習夥伴一起討論的方式（例如：多久一次，如何討論）<br>_____。 |
| 【五】<br>人際<br>互動力 | □我還不太清楚要如何跟學習夥伴進行與實踐生涯藍圖有關的討論。 |
| | □在學習實踐生涯藍圖時，我會用_____（方式）來與學習夥伴保持良好的關係。 |
| | □我還不太清楚要如何在實踐生涯藍圖的過程中與學習夥伴保持良好關係。 |

第 5 章練習表單
學長姊的人生設計練習案例

# MEMO

第 **6** 章

# 全民新功課
# ——增加健康資產的板塊設計

健康到老的關鍵就是「管理肌肉」，

從今天開始鍛鍊肌肉，

就能延長這輩子「獨立自主」的時間。

——日本筑波大學運動醫學研究所 久野譜也教授

健康，是每個人都要認真累積的重要資產，在百歲人生時代，尤其如此。健康是個老話題，但它卻有幾個非常有趣而弔詭的特點：

第一，若說「健康是人生最重要的事」，相信沒有人會反對，大家也都聽說過「健康是 1、其他是 0」這類的話，但在大多數時候，人們傾向忽略這個 1，甚至先犧牲它來換取一個又一個的 0。

其次，健康是非常個人化的事，每個人都有不同的先天條件，而後天條件也會因成長環境、工作狀況等外在因素而產生差異。但許多人沒有意識到自己的獨特性，總愛一窩蜂地跟著他人「嘗鮮」，然後又因為沒有立即看到效果而放棄。

再者，健康跟投資一樣，都可以靠時間累積出複利效果，趁早養成健康的習慣，可以在長遠的未來看到很好的效果。然而，它也跟投資一樣，短時間內看不出明顯的變化（變好或變壞都不明顯），因此更容易被人忽視。

迎向百歲人生時代，健康這個老話題成了所有人的新功課，是每個人都要努力累積的重要資產。如果從現在開始重視它並做出各種改善行動，那麼，年輕人可以透過時間產生複利效果，中年人可以因此獲得新的能量持續前進，而高齡者更可藉此享受愉快自主的老後生活。

## [6.1] 面對健康，你是哪一派？

　　健康是每個人都會面臨的切身議題，但大家對它有著非常不同的詮釋與因應方式。例如，王媽媽是「過度緊張悲觀」這一派的代表，她從 50 歲開始持續服用血壓藥、照三餐量血壓，每天的血壓數字就是當天的心情指數，稍有不適就跑醫院，心情總是被血壓數字、檢查紅字給綁架，常常感嘆這樣的生活很沒有意思。

　　相較於王媽媽的緊張兮兮，王大明則是「心存僥倖不以為意」。正值壯年的他覺得「沒有不舒服就是健康」，自恃年輕有本錢，熬夜趕案子之後再大睡一場就可以恢復。面對工作、家庭的龐大壓力，他認為這些本來就是應該承擔的，有什麼情緒都要壓抑下來，不用處理或求助。

　　還有一種沒把自己的健康放在關注範圍內的人，抱持著「沒有時間，以後再說吧」的心態，例如：身兼三寶媽與全職主婦的王小美，每天忙著照顧老公孩子、料理家務，對他們的健康瞭若指掌、盡心維護；至於自己的健康就暫且不管，如果真有什麼問題，就讓孩子或政府來照顧就好了。

　　還有一種面對健康的行為也非常典型，可以說是「各

種資訊照單全收」型。剛從公職退休的李阿姨對各種資訊超級敏銳，透過各種不知是否正確的管道，拼湊出自己的健康知識宇宙，人家說什麼好就吃什麼、用什麼，保健運動方法一個試過一個，非常具有「神農氏嚐百草」的精神，但似乎沒有哪一個能真正持續下去。

你呢？面對自己的健康，你是哪一派呢？

## $\boxed{6.2}$ 從現在開始，自己的健康自己照顧

迎向百歲人生，為了確保自己一輩子的生活品質，健康絕對是不可或缺的關鍵，而且對所有年齡層的人都很重要。過去大家都以為健康是年紀漸長才需要注意的事，然而現在到處充斥著空氣污染與生活壓力、錯誤的飲食觀、還有各種突發病毒，對各年齡層的人們造成健康危機，因此，身體健康已成了大家面對未來最大的擔憂。日本一項長期的觀察發現，人們對於未來的不安感受，最大來源就是「健康與照護層面」，而且男女平均都在 50 歲左右對「家人照顧」與「自己健康」的憂慮達到高峰，其中女性對於家人照顧的憂心更甚於男性[1]。

其實，從年輕時開始注意健康會是最有利的時機點，

但可惜的是，健康通常不是年輕人或中壯年關注的焦點，在健康沒有出現大問題之前，大家容易忽略它。事實上，迎向平均壽命越來越長的時代，不論男女老少都要體認到「自己的健康要靠自己照顧」，從現在開始就要好好重視。日本的研究發現，男女對於健康管理的態度與行動有所不同，根據調查，成年人有持續努力維持、管理身心健康與培養體力的人，在 18 至 59 歲的年齡層中，男性平均都高於女性；女性只有過了 60 歲之後，比率（61.9%）才略高於男性（58.5%）。不過，有家人朋友可以分享健康檢查狀況與結果的人，則是女性比男性多，無論在哪一種年齡層都一樣。研究也指出，夫妻之間，多半是太太掌握健康檢查資訊，無論哪一個年齡層都大約在七成左右；相對地，先生對於太太的健康檢查結果有所了解的大概只有五成[2]。女性忙於工作、處理家事、養兒育女，很有可能將全部的注意力都放在家人上，反而忽略了自己的健康。

　　健康板塊對不同年齡層也有著不同的意義：對年輕人來說，關注健康有複利效果，長期的正向或負向行為都會帶來驚人後果；對中壯年來說，進入中年後，生理上會開始產生變化，必須有意識地建立一套自己的健康管理藍圖，同時也需關切長輩的健康，才有餘裕可以因應潛在的危機。如今，老後獨居的情況越來越普遍，學習靠自己管理自己

的健康也變成不可或缺的老後素養，尤其是女性，因為一向以照顧家人健康為天職，預備飯菜都是為了家人配偶，一旦配偶過世後面臨一人獨自生活，缺乏生活重心，每一餐只想簡單處理就好，最後就導致營養攝取不足，這也是值得關注的議題。

總結來說，健康是人生中最重要的資產，在百歲人生時代，健康的重要性更勝以往。不管男女老少、已婚或單身、獨居與否，都應該從現在開始關注。健康大事需要建立一套合乎時宜的觀念以及適合自己的方法，只要你願意投入設計、展開行動，一定可以看到健康資產的正向成長。

# 6.3 增加健康資產的四個原則

要維持健康的身體必須花費很多心力，我們建議以學理為基礎、再融入全人系統的角度來設計。美國《預防雜誌》（*Prevention Magazine*）發表一項研究，提出七種有益健康的習慣，如果將它們融入生活當中，就可以獲得巨大的「健康回報」[3]。這七個習慣包括：活動、優先考慮蛋白質、定期檢查、充足睡眠、適當減壓（有減壓時間）、正向心態（正向看待老化問題）以及人際關係。我們綜合這

七個習慣以及常見的保健知識，整理出以下四個原則，作為設計健康板塊行動的基礎。

### 原則一：全面關注飲食、運動和生活型態三大面向

影響健康的因素有很多，因此在設計健康板塊時，也必須同時兼顧不同的面向。一般來說，對健康影響最大、也是個人最能改變的，包括了飲食、運動、生活型態這三個面向：

1. **飲食**：「人如其食」（You are what you eat），這句話最早出自 18 世紀法國作家薩瓦蘭（Jean-Anthelme Brillat-Savarin）[4]，如果想要擁有好的健康，得吃「好」的食物才行。健康飲食學問不少，只要你開始設計、行動，就能嚐到「吃對東西」的好處，讓你持續學習怎麼吃才對、怎麼吃才好。關於健康的飲食，相關資訊與建議都很多，大家可以先評估自己的健康狀況，篩選適合自己的健康知識資訊。例如：參考國民健康署針對飲食原則設計的視覺化健康餐盤，作為實踐健康飲食的參考起點。有慢性病的朋友最好能諮詢營養師，設計合適的個人化飲食，獲得正確而足夠的營養。

2. **運動**：運動對提升身體機能的好處眾所皆知，此外，它也對大腦健康有所助益。有「瑞典國民醫師」之稱的精神醫學專家安德斯・韓森（Anders Hansen）在《真正的

快樂處方》一書中，從現代神經科學的角度探討運動如何影響大腦，並且下了這樣的結論：「我們能幫助大腦和身體最重要的事就是運動。」[5]運動對身體好、對大腦也好，但不同的體能、年齡會需要不同的運動建議，大家同樣可以參考國民健康署的「健康體能促進」專區資訊，再以此為基礎，延伸吸收更多適合自己的知識，打造專屬自己的運動策略。

3. **生活型態**：現代人的工作與生活型態型塑了許多不利於健康的習慣，這些壞習慣隨著年紀漸增，會慢慢出現負面的影響、甚至在複利效果下越發嚴重，不可不慎！常見的不良生活型態包括：久坐不動、喝水不足（或攝取過多含糖飲料）、睡眠習慣不佳（熬夜、睡眠不足）、壓力過大，其中最常被忽略的應該算是「久坐不動」。對於「久坐缺乏活動」的相關研究很多，有些研究更指出「久坐」會提高罹患心血管疾病、代謝症候群等風險；也有人從另一個方向來研究，鼓勵我們要「多動」，例如，神經病學研究就發現，活動可以提高智力；亦有研究證實，積極活動可以預防慢性疾病，降低受傷的機率[6]。對年長者來說，「跌倒」是最大的威脅，而保持活動可以鍛鍊肌肉力量、訓練平衡和靈活度，正是預防跌倒的有效方法。

## 原則二：把健康當「專案」來規劃及管理

　　管理健康以加強體力，其重要性不言而喻，因此每個人最好都能有一套科學與方便的健康管理策略，例如：維持健康飲食、參與運動課程、定期健康檢查、壓力評估與管理、善用智慧型手機、購買穿戴裝置等。個人的健康管理要從健康檢查開始，從一份科學客觀的評估報告來規劃自己的健康管理方案，才是比較合理的作法。此外，也要善用資源，找到正確且合適的健康管理資源（醫院、醫師、運動指導、營養師、藥師等諮詢管道；中西醫、自然療法等），並運用科技工具來輔助。面對工作時，我們都會應用專案管理策略來訂立目標、整合資源、追蹤進度與評估成果；而在面對自己的健康，我們也同樣應該學習正確而與時俱進的健康知識，並且善用資源來提升自己的健康識能。

## 原則三：身心合一，與人連結感受幸福

　　生理與心理互相影響，因此在關注健康議題時，不能忽略心理層面的健康，尤其現在個人感覺孤寂的現象越來越嚴重，不能不重視。有多項研究都指出，人際關係與健康息息相關，建立與他人連結的關係對於健康有正向積極的影響。日本的第一生命經濟研究所發現，幸福感越高的人，越能感受與人連結對健康的好處[7]。對於中高齡者而

言，開始與人連結的一個好話題就是「健康」，有夥伴一起討論、彼此督促，對於自己的健康管理，更有維持與激勵的作用。獨居生活的人，更要保持自我照顧的意識，具體行動就是透過與人連結，例如與他人共餐、照顧寵物、參與學習活動或擔任志工等，這些行動都可以促使獨居者走出家門與人互動，減少孤單感。

### 原則四：不求完美，剛剛好就好

隨著年紀增長，在各種檢查的量測數值上都會有不同的標準，請記得要以自己的年齡來評估，不要過度執著於數字，把它當成考試一樣想追求滿分。年紀越大，有很多狀況是「剛剛好就好」，因此首要目標應該是維持剛剛好的健康，不必追求完美無瑕的檢驗數字。了解這些數據背後代表的狀況，知道自己如何盡力來維持或改善，接受無法避免的狀況，同時做好預防措施或選擇次佳方案，以確保身體健康不會妨礙我們對於人生任務或理想的追求，這才是最重要的。

## 6.4 因應不同目標的健康板塊行動設計

由於每個人的健康起始點不一樣，因此設計細節也有

所不同，大家可以先評估自我健康現狀，明確列出最優先要處理的問題，並將其設定為藍圖設計的基礎，之後再運用設計思維與工具，篩選適合自己的資訊與知識，進行細部的設計與行動，並透過每月或每季檢視進度做必要調整。以下列舉三種針對不同健康目標的行動設計供大家參考：

## 案例一：以「調整生活微習慣」為目標的行動設計

厚實健康資產跟規律儲蓄一樣，都需要透過有意識的行動，因此建議可以從建立「微習慣」開始。微習慣是指建立小小行動的習慣，持續地去做，經過長時間的累積而帶來巨大的報酬。對於尚未全面開始健康管理的人，尤其是年輕人與一般上班族，建議先從微習慣開始，進行初步的體驗。

本章一開始提到的王大明就是典型的上班族，長時間窩在電腦前寫程式，午餐都在便利商店解決，晚上回家繼續工作到凌晨一、兩點是常有的事。身為資訊人員的他從未關注健康資訊，自信滿滿地想靠自己新鮮的肝撐下去。

有一次，大明的公司邀請我去演講人生設計，在那次講座中，大明把我的提醒聽進去了，他覺得用「設計」的概念來管理健康很有意思，因此在課後認真地把自己的問題拿出來分析了一下，同時針對最需要優先處理的問題，

擬訂出第一個調整生活微習慣的行動計畫：

### 大明的健康板塊行動設計：以調整生活微習慣為目標

1. 問題分析：根據健康管理金三角，列出自己目前的問題與優先順序。

| 健康管理金三角 | 現狀分析或問題 | 設計／行動優先順序 |
|---|---|---|
| 運動 | 久坐缺乏運動，還好每天走路上班 | 4 |
| 飲食 | 外食，沒有特別留意蛋白質與青菜的攝取是否充足 | 3 |
| 生活型態 | 工作久坐 | 1（☆優先處理） |
| | 太晚睡覺 | 2 |

2. 設計：

    (1)先從「久坐」開始改善，將它設定為現階段的第一個健康管理目標，養成每 25 分鐘起身活動的習慣。

    (2)發想：使用心智圖來思考可能的方式，例如：設定鬧鐘提醒，結合改變使用電腦的習慣、調整開會模式、變更生活作息等。

(3)測試：應用番茄鐘工作法，下載 APP 提醒自己
每 25 分鐘起來動一下，並在這些空檔安排自己
喜歡的小活動。

(4)追蹤：每天關注自己坐著的時間，並持續追蹤是
否有減少。

(5)參考《原子習慣》一書 [8]，透過提示、連結、綁
定設計更多有效習慣。

大明的分享讓我非常開心。的確，多數成年人常會把
生活重心投入在工作中，付出了極龐大的健康代價卻不自
知。如果能有意識地關注到健康板塊，像處理工作一樣認
真理性地管理健康，即使每次只做出一點點的改變，都會
在未來看到大大的回報。

## 案例二：以「預防肌少症」為目標的行動設計

這個行動適合所有成年人，更應該是中高齡者的重要
目標。成年人在 40 歲之後，肌肉質量平均每 10 年減少 8%，
大腿肌肉力量則是每 10 年下降 10 ～ 15%，如果不注意，
很容易會演變成肌少症 [9]。肌少症就是指肌肉質量、肌力
都下降，影響平衡及步態退化，使得行走或站立不穩定，
可能導致跌倒，最終造成行動不便，影響生活品質。

　　肌少症的成因包括：年齡、活動量不足、營養不良、內分泌失調和發炎等。現代人久坐不運動，也使肌少症有年輕化的趨勢。工作壓力大的中壯年族群開始慢慢發現自己的體力、能量不如以往，而高齡者則可能因為營養不均衡（許多長者習慣以白飯、白麵為主，牛奶、豆魚蛋肉、蔬菜、水果及油脂的攝取都偏少）造成肌肉持續減少，從身體的衰退開始，慢慢喪失獨立自主生活的能力，繼而產生心理與社會性的衰老。因此，想要避免衰退，關鍵就在於「預防肌少症」，這應該是中年人與高齡族群在健康板塊設計上的重要目標。

　　以「預防肌少症」為目標來設計健康板塊時，應關注飲食與運動兩方面，在飲食方面的重點包括攝取足夠熱量、三餐平均分配且都有攝取蛋白質、補充維生素 D（幫助鈣質吸收，可透過曬太陽及食物來獲得）。要想了解更詳細的健康飲食設計資訊，可以參考國民健康署網站上的飲食建議資訊 [10]。

　　除了飲食，還需要搭配適當的運動，才能維持肌肉量與肌肉能力，有效預防肌少症。可以立即行動的項目包括規律的有氧運動（如：健走、慢跑、騎腳踏車、游泳、登山等，每週至少二次、各三十分鐘）和阻力訓練（如：抬腳、彈力帶、握力球、舉啞鈴、深蹲等）。這些運動有助於增

加肌肉質量，也可以預防骨質疏鬆、糖尿病、憂鬱症等疾病。

擔任業務主管的學生小玲，在聽完我的健康板塊設計課之後深有所感，回家後立刻跟爸媽一同討論，如何在生活中落實營養與運動計畫，並相約一起預防肌少症。他們共同擬訂出來的行動設計，就是透過一週的生活型態設計來提醒自己要徹底落實。這個行動計畫剛好也呼應了日本研究發現預防衰弱要關注的三個重點：營養、運動與參與社會[11]。面向百歲人生與超高齡社會，健康自主管理是必修功課，而且從年輕就要開始，如果可以和長輩一起進行更棒，一起學習「好好咀嚼、好好吃、好好動，積極參與社會」。

**小玲與爸媽的健康板塊行動設計：以預防肌少症為目標的一週運動飲食規劃表**

主要行動如下：

1. 計算出每天需要攝取的熱量。
2. 依照下列規劃表進行運動及飲食規劃。
3. 定時量體重與骨質密度，並依此做出運動或飲食方面的調整。

|  | 週一 | 週二 | 週三 | 週四 | 週五 | 週六 | 週日 |
|---|---|---|---|---|---|---|---|
| 早餐 | 不同早餐輪流變化，但一定搭配兩份蛋白質（蛋、豆漿等） | | | | | | |
| 早上 | 曬太陽20分鐘 | 曬太陽20分鐘 | 曬太陽20分鐘 | 曬太陽20分鐘 | 曬太陽20分鐘 | — | — |
| 午餐 | 不同午餐輪流變化，但一定攝取三份蛋白質（豆類、肉類等） | | | | | | |
| 下午 | 運動中心阻力訓練 | 和鄰居操場快走5圈 | 運動中心阻力訓練 | 超慢跑團練 | 運動中心阻力訓練 | — | 隔週與親友相約走步道 |
| 晚餐 | 澱粉類減量，補充兩份蛋白質，注意細嚼慢嚥 | | | | | | |

## 案例三：以「控制慢性病」為目標的行動設計

　　這個設計適合已有慢性病的中高齡族群，以下舉我自己的親身經驗為例。過去，我的飲食習慣完全遵循傳統的代謝原則教育，長期以來抱持著少油少鹽的淡食原則，再加上自己向來不愛吃魚肉（更確切地說，只要食物有腥味，我大概都不吃），最愛的食物就是青菜、豆腐以及饅頭，這樣的飲食習慣在長時間內帶來極大的風險，只是當時自己並沒有覺察。由於我一直有運動的習慣，也固定服用保

健食品，算是有注意基礎保健，因此自我感覺健康與體力都非常好。直到 48 歲那年，由於工作（兼任行政主管）和家庭（把父母從北部接來南部，開始照顧需要洗腎的父親）蠟燭兩頭燒，再加上持續的清淡飲食，身體開始抗議了。

甲狀腺是首先發難的部分，由於甲狀腺亢進產生心悸現象並且暴瘦，迫使我必須放下手邊工作去醫院進行檢查，那是我生平第一次了解到原來膽固醇有兩種（小時候的健康教育實在沒學好），我的高密度膽固醇只有 36（女性應高於 50），低密度膽固醇則在 180 至 200 上下。如果只看「總膽固醇」的數值，似乎還不算太差，好像也不需要急著去看醫生；甚至有朋友告訴我，他的膽固醇高達 300 以上（顯然，我們這個世代的健康素養普遍不太理想）。儘管身體已悄悄處於危機之中，但自己卻感覺良好，渾然不覺。

低密度脂蛋白（即所謂的「壞膽固醇」）問題，一開始通常沒有什麼明顯的症狀，我自己比較敏感，總感覺頸部後方有一點點僵硬，但在手機、電腦產品無所不在的今日，我想應該是不良姿勢所造成的，所以選擇先去按摩舒壓，而不是去看醫生。由於我有照料父母的經驗，因此我對於健康自我照顧意識比較強，照顧長輩加上工作壓力，讓我感到相當疲累，也促使我常常反思：老爸的身體衰弱、

逐年惡化，是不是跟長期不正確的飲食、生活習慣欠佳、缺乏適當運動、沒有控制好慢性病有關呢？我也叮囑自己，一定不能像爸爸一樣。這個信念很能有效地督促自己追求「增加健康資產」，不讓自己成為被照顧者的意念越加強烈。

於是我去看醫生，很幸運地遇到一個可以對話、討論的醫生（這是好醫生的指標），每次看診前，我都會準備好要問的問題，而醫生總是詳細解說，有耐心地用我聽得懂的語言跟我溝通，每一次看診都很像去上課，覺得非常有價值。我慢慢理解，低密度脂蛋白過高會威脅心臟，如果不加以控制，長期下來會導致心血管疾病。我的爸爸就是一個典型的心血管疾病患者，再加上他沒有好好遵照醫囑，以至於一步步慢慢影響到全身器官，最後甚至需要洗腎。我猜自己也有一些不利老化的遺傳因子，但是我可不想步上老爸的後塵，這個信念驅動我開始積極採取健康管理行動。

當然，我一開始也抗拒吃藥，大概有半年的時間，都處於跟醫生協商的情境，我要求醫生讓我先自主控制，嘗試透過飲食管理與運動鍛鍊來改善膽固醇的數值，醫生也同意讓我嘗試各種自我控制策略。無奈每三個月一次的抽血檢查（這算是科學的實施成效評估），我的低密度脂

蛋白總是在 130 至 160 左右，無法達標（標準應該低於 130，醫生說 100 以下更理想）。數字會說話，我要學習接受「膽固醇有七成是自己體內合成的」、「跟 DNA 有關」這些說法。醫生告訴我：「慢性病控制好，就是好了。」他又再補上一句：「我自己也有膽固醇問題，我跟你一樣都吃這顆藥」、「你吃這顆藥後，什麼食物都可以吃一點，不用再因為擔心而什麼都不敢吃、但是檢查數字還是降不下來。」

醫生說服我了，透過藥物控制、定期檢查、均衡飲食，應該是比較明智的策略，不然可能不只是膽固醇無法有效控制，還可能造成營養不良，得不償失。於是我開始吃蛋、魚、肉等高蛋白質食物，透過有意識地注意營養飲食，我的高密度膽固醇提升到 53，低密度膽固醇也能控制在 130 以下。透過定期檢查，我持續應用科學證據，清楚知道自己的飲食決定與效果如何，同時也能掌握藥物控制及慢性病症狀的變化與結果。所以我確信，透過自主健康管理與定期檢查，可以有效控制疾病，醫生那一句關鍵的話：「慢性病控制好，就是好了」，實在有道理又很有激勵作用。

**魏老師的健康板塊行動設計：以控制慢性病為目標**

1. 問題分析：壞的膽固醇數字欠佳。

2. 目標：控制壞的膽固醇數字低於 130，越低越好。

3. 行動設計：

(1)以數字為基礎：透過健檢報告掌握數字，作為改
進與追蹤的依據。

(2)找到適合的醫生：尋找能溝通與對話的醫師，成
為健康諮詢對象。

(3)選擇合適的方式：採用醫師建議服用降血脂的
藥，三個月檢查一次，持續控制。

(4)持續檢查行動效果：透過用藥、飲食與運動，管
理膽固醇數字。

(5)持續追蹤：定期檢查追蹤效果。

## 6.5 健康板塊設計的提醒：心法與方法

無論從理論或實踐而言，個人健康一定可以改善，只
要願意展開行動，健康資產必然會增加。因此，在設計健
康板塊時，首先要建立「越早開始越好」、「只要開始永
不嫌遲」的心態，即使只是微小的行動與改變，也能在長

期行動中看到效果，反之亦然！由於每個人的健康狀況不同，最好能針對自己的狀況，進行個人健康板塊的設計，學習為自己的健康負責。

針對健康板塊的設計，最後總結幾點提醒：

## 一、健康板塊設計心法

1. 自己的健康自己負責：不管你現在幾歲，自己的健康都是自己要負責的，不要把責任推給工作、家庭的忙碌，更不要推給未來的自己去承受。

2. 剛剛好的關注：要關注自己的健康，但是也不要讓生活中只剩下「注意健康」這一件事。關注檢查報告與數字，讓自己掌握狀況，但不要被數字綁架。同樣的數字在不同人身上都可能有不同的意涵，跟醫生保持良好溝通諮詢才是上策。

3. 盡人事聽天命：健康管理一方面要「盡人事」，把自己能為健康而努力的部分做好；另一方面要「聽天命」，因為疾病的發生有時與遺傳因素有關，人生本來就會有終點，因此學會自主學習管理健康直到路終，是每個人學習健康板塊的基本功課。

## 二、健康板塊設計方法

1. 設定正確的目標：健康板塊所追求的不是要活多長，而是將「健康壽命」極大化，同時也要因應年齡來調整目

標的設定。

2. 化整為零持續進行：小步驟、持續做，只要你願意堅持多年，起初看似微不足道的小改變，最後會以複利一樣利滾利，而且滾出非比尋常的結果。

3. 動態調整，與時俱進：環境在改變，維持健康的方法也在修正，自己的身體狀況也在持續變化，因此，健康管理要善用自我導向學習能力，結合設計的思維，保持開放的心態，接受各種有益健康的嘗試，隨時調整健康板塊的管理策略。

　　健康是人人都必須投資的項目，不僅要有行動，也要學習新知。不同年齡有不同的健康任務，需要依此設定目標並做出合適的設計。但相同的是，從現在開始的每一個微習慣與小行動，都是改善的起點，捨得投資自己的健康，也是百歲人生珍愛自己的具體表現。

## 😊 人生設計練習題

　　請先評估自己在飲食、運動以及生活型態上的優缺點，寫下你發現的問題，再根據問題寫下改善的微行動設計。

| 健康管理金三角 | 現狀分析或問題 | 如何改善 |
| --- | --- | --- |
| 運動 | | |
| 飲食 | | |
| 生活型態 | | |

第 6 章練習表單
學長姊的人生設計練習案例

重視今天非常重要，
你今天、現在做什麼，
決定著你的未來。

# MEMO

第 **7** 章

# 增加能量與活力的
# 3.0 工作板塊設計

當你覺得有股力量正在引導你走對方向時，

你的工作就有了新的意義；

否則，工作就只是工作而已。

——蘋果執行長 庫克

# $\boxed{7.1}$ 重新定義工作

## 當「百歲人生」遇見「生涯 3.0」

說到工作，浮現在你腦海中的畫面是開不完又沒有結論的會議、做不完的交辦事項、辦公室政治與壓力？還是挑戰、成就、創造、價值與收入？在高齡社會的趨勢下，持續工作已經成為活得久又活得好的必要條件。我喜歡倫敦大學教授林達・葛瑞騰（Lynda Gratton）以及安德魯・史考特（Andrew Scott）提出的「百歲人生戰略」[1]，把百歲人生看做是上帝給人們的一項禮物。我也十分贊同日本第一經濟研究所的研究團隊，他們提出的生涯 3.0 概念已經成為一個高齡社會全新的設計思考方向。生涯 3.0 使年齡不再能決定人生階段該做什麼或不該做什麼，年齡不再是限制，生涯 3.0 也沒有前人的道路可供遵循，一切都由自己決定，透過「設計」帶來改變。

在生涯 3.0 人生百歲時代，我們的工作時間一定比以前更長，工作的型態也比以前更多元[2]。在這種情況下，每個人都要學習設計一個與工作觀、人生觀對齊一致的工作板塊，讓自己透過工作不斷「獲得能量」，而不是被「燒成灰燼」。

## 你還在用 1.0 的腦袋思考 3.0 的工作嗎？

每逢畢業季，我都會詢問畢業生下一步的規劃，我最常聽見的回答是：「正在找工作」、「計畫先去補習，準備參加公職人員考試」、「希望找到一份穩定的工作」。最近，我跟一個畢業兩年的學生小張聊天，他告訴我：

「老師，我剛離職開始準備考試，想去考公務員。」

「喔？你之前的工作不是還不錯嗎？我記得你做得很開心啊？」

「對啊，我很愛那個工作，但是媽媽說那是小公司、不穩定，說那些只是玩票性質不能當飯吃，要我準備國家考試，進公家機關以後才有保障。」

「喔？媽媽是這樣說的啊？」

「嗯，媽媽說她很後悔當年沒有去考公職，現在才委屈求全，每天辛苦工作，忙到懷疑人生，即便老闆很機車、薪水少得可憐，還是得苦苦硬撐。而且她是公司裡年紀最長的一位，也擔心老闆會找藉口對她開刀；之前不是有疫情嗎？她一直提心吊膽，害怕丟飯碗，甚至晚上擔心到睡不著耶。」

「哇！聽起來很辛苦啊。」

「對啊，媽媽說工作是為了賺錢，有錢才會快樂，她叫我不要多想，只要找到一份穩定的工作，就給它忍耐做

到退休，之後再來好好輕鬆享受人生。我看到她這樣，也覺得好像要找個穩定又有保障的工作比較好，免得跟她一樣這麼累。」

即使疫情帶來巨大的環境變化，工作型態已經有所翻轉，3.0 人生提供多元創新的無限機會，百歲人生已經近在眼前，但是，大家對於「工作」的定義好像還是傳承老一輩的觀念，把「金錢」跟「工作」劃上等號，認為「好的工作」就是「穩定的工作」，至於人生夢想什麼的，就等退休後再說吧！雖然老一輩的觀念確實也很實際，不過，這麼簡單又牢不可破的工作觀，還真令人有種時間靜止在六、七十年代的矛盾感。

面對工作，你有沒有以下的迷思？

**迷思一：工作就是為了賺錢，有錢才會有快樂。**

過去，多數人認為工作就是「為五斗米折腰」，對工作不滿、感覺無趣，或是無法實現自我都不重要，他們持續忍耐著，一心一意「等到有一天」能夠退休，就可以重獲自由，或是期待自己「財務自由」後就可以大聲把老闆開除，從此過著幸福快樂的日子。生於 1.0 時代的父母前輩們，多少有這樣的認知，這種認知無形中也傳給了下一代，例如：亞洲的父母普遍希望他們的孩子成為醫師、律

師或是公務員，多數人的工作觀等同於賺大錢或收入穩定，這也是快樂人生的保證，就像小張的媽媽一樣。

澳洲理財專家艾倫・艾貝（Arun Abey）寫了一本書叫做《多少才夠？》[3]，他從經濟學、心理學與生理學等角度切入，探討如何能同時享有金錢與快樂。二次世界大戰結束以來，西方世界的個人所得增加了三倍，但是人們的壓力、焦慮和憂鬱程度卻來到史上新高。艾貝的研究指出，快樂的有錢人通常都是先有快樂、後來才變得有錢。一個人要快樂幸福，取決於他是否能夠持續做自己喜歡的事情，而不是擁有多少錢。他認為如果一個人真心喜歡現在的工作，就會得到快樂；如果不是做自己喜歡的工作，那麼不管多少錢、多大的豪宅與名車，都不會使人感覺快樂。

錢當然很重要，但是錢能帶給我們的是安全感，不是快樂，而且金錢只能讓你不會「因為沒有錢而不快樂」，因此如果你想要尋求快樂，就要勇敢地追求自己有興趣的工作，或是從現有的工作中找到樂趣。

**3.0 工作新思維：先快樂才會有錢，**

**做自己有興趣的工作、或從現有工作中找到樂趣，**

**就有可能會賺到錢。**

迷思二：興趣不能當飯吃，安分工作不要做夢。

　　艾貝在書中也提到，金錢不會讓你快樂，但快樂能夠讓你有更安全的財務境遇，要達成這個境界需要兼顧三件事：第一，做你真正喜歡的事情；第二，知道自己擅長的事情，能夠發揮內在技能；第三，知道什麼對你是重要的。三者都顧到了，你才可能快樂又不必擔心財務。一般人認為要賺很多錢、精準投資才能幸福快樂，艾貝卻認為，幸福理財的第一要件是找出能夠讓自己快樂的事情或活動，做自己快樂的事情能發現自己的內在技能，而所謂的內在技能是指當自己在使用這些技能時，你真的很在行，而且也願意花時間在上面。為了興趣工作，不一定會使你賺大錢，但是卻會讓你的財務狀況比較安全，因為喜歡工作的人會不斷創新，能夠創新的人比較容易賺到錢，升遷機會也比較高。從興趣出發，尋找甚至創造一個自己心之所向的工作，不只能夠「把興趣當飯吃」，夢想還可能成真。

### 3.0 工作新思維：從興趣出發，
### 設計自己真心想要的工作，夢想終會成真。

迷思三：找個穩定的工作，等到退休時就可以開始享受人生。

　　我們所面對的未來，一方面充滿未知，另一方面又很確定，例如：人類確定會越來越長壽、未來的發展確定是變化多端且難以預測的。活在長壽高齡的社會，人生只有轉換工作，沒有退休。日本第一生命經濟研究所指出，百年人生將會是一個「終身在職」的工作社會。過去很多人把退休當成職業生涯的終點，退休前抱持一個心態：「現在努力拼命工作，到 65 歲屆滿退休，之後就可以開始過自己想要的人生。」這是不切實際的想法，因為退休後可能才開始面臨不知道接下來要做什麼的尷尬情況。

　　未來是多變且複雜的社會，也是所謂的 VUCA 時代。V 是指 volatility（易變性），U 是指 uncertainty（不確定性），C 是指 complexity（複雜性），A 代表 ambiguity（模糊性），這四個縮寫單字組合起來的概念，正是現今全球企業所面臨外在環境的日常，也是個人需要學習適應的挑戰。所以，無論企業或個人，都必須做出生存的調適。近年來由於科技進步以及全球疫情的干擾，讓我們習以為常的工作模式被迫改變，當代已經沒有所謂穩定持久的工作了。

　　在高齡化以及多變化兩個確定的情境下，我們很難預測今天出生的人，未來會過什麼樣的生活；但相對的，我們對於未來也可以有更多元的想像，過去直線式的生涯概念勢必要被打破，我們不再遵循「學習─工作─休閒」的

生涯單行道，這三件事會在我們的一生中同步出現、交替進行，個人的休閒、遊戲、生活也不必等到退休後才開始，現在就可以同步展開。

**3.0 工作新思維：沒有所謂穩定的工作，從現在開始過著真心想要的生活。**

# [7.2] 設計 3.0 工作板塊的原則

我們正朝向人生 100 的時代快速前進，這樣的時代自然需要有新的工作模式與新的生涯設計。臺灣從 2018 年高齡人口首度超過 14%，正式進入高齡社會；預估在 2025 年將突破 20%，進入所謂的「超高齡」社會。儘管臺灣老化速度如此快速，但政府的政策還未能提供系統整體的因應，社會大眾對於「老」的刻板印象也還根深蒂固，看不出生涯 3.0 的新樣貌，多數人好像都在溫水煮青蛙的效應中過日常生活。

2020 年春天，新冠疫情橫掃全球，加上 2022 年底出現的 ChatGPT 聊天機器人，這兩隻「黑天鵝」[4]立刻引發全民關注，尤其是對於工作的焦慮。新型冠狀病毒的蔓延，

使得各國陸續宣布進入緊急狀態，工作模式也產生很大的改變。在此同時，臺灣的樂齡學習開始「數位轉型」，日本則是出現所謂的「在線社區中心」，許多公民館設施因疫情被迫關閉、取消或推遲活動項目的同時，「網上公民館」卻在基層崛起，網絡遍布全國。雖然「線上」與「社區中心」都是大家耳熟能詳的名詞，但從事社會教育與社區工作的人，在 2019 年之前一定從沒想過社區中心會有一天被加上「在線」這個名詞[5]。

對於個人 3.0 人生設計的展開，多數人可能也是直到人生遇見黑天鵝才被迫開始回應，例如：無預警被退休或無規劃卻經歷所謂的「介護離職」人生。關於生涯，如果能早一點設計，未雨綢繆終身學習，才是明智的選擇。

總結工作 3.0 的設計原則，如下：

## 原則一：結合「工作」與「生活」，兩者兼顧

「工作與生活結合」是很多人的夢想，但是，我們生活在傳統朝九晚五的工作模式中，很少人能在職涯初期就達成工作與生活平衡兼顧的理想。雖然我主張工作與生活結合，但我熱愛工作，我在大學教學，生活就等同於工作；對於不喜歡教授工作的人，可能會認為這是沒有「生活」的工作（這是我的孩子在高中時期對我的評語），所以，我來教大家要結合工作與生活，好像不夠有說服力。

　　關於工作與生活的結合，我觀察女兒的工作生活，倒是有不少體悟，女兒從初中到大學都在美國唸書，她一共在美國待了 10 年。2019 年，她申請到德國唸碩士班，開始了歐洲生活經驗，她現在在德國西北部距離荷蘭 3 小時車程、號稱是 AI Campus 的奧斯納布魯克（Osnabruck）攻讀博士學位，她進入博士班是由德國籍的教授透過面談錄取她進入研究團隊，這位教授既是她的指導教授又是她的老闆，她不需要修課，但是需要根據老師給予的研究任務，自己學習，做出東西，定期再跟老師開會討論，這種學習方式跟她以往每一個階段的求學模式都大不相同，不用修課、沒有考試，這不是很好嗎？

　　她一直都很努力地學習適應新的學習模式，不時會覺得沒有人告訴她該怎麼做是很大的焦慮。她說，只要老師有「教」她怎麼做，她應該會做得很好。可是，沒有這樣的機會，老師不會直接告訴她做什麼、怎麼做。剛開始經常面臨和老師溝通不良的狀況，她感覺摸索很久、努力做出來的東西，跟老師會議之後，結果並不符合教授期望，不是老師想要的；教授也都沒有「早一點說」他要什麼，這一點總是讓她感到挫折沮喪、懷疑人生。我知道這是博士班研究必經的歷程，如果老師知道怎麼做、也有答案了，還需要學生嗎？這就是她在德國的工作，沒錯，在德國唸

博士班，等於是在「工作」，這種工作無始無終，沒有工時限制，只看成果產出。

她說德國的生活感覺一成不變，尤其是星期日，很多店家都沒有營業，由於聽她說了太多關於「找不到方向」的痛苦研究歷程，我就鼓勵她，是否考慮轉到美國？那裡的學習模式跟臺灣比較相似。但是，她很清楚自己暫時沒有想要回美國，為什麼呢？她表示自己不喜歡美國的生活（她已經在美國生活了 10 年，但我一點都不知道她不喜歡美國！），她告訴我，她覺得歐洲人比較會享受生活。

關於這一點，直到 2023 年疫情後第一個暑假，我跟先生一起去德國看她，才有一些體驗。她說原本規劃要帶我們去荷蘭一家好吃的餐廳用餐，沒想到老闆去度假了（哇！七月是旅遊旺季呢，老闆不把握機會賺錢，反而度假去了），因此也訂不到餐廳。她說七、八月份很多店家都沒有營業，都去度假了，很多店一休就是一個月。這就是工作、生活結合的好例子：認真工作，也認真生活；無論工作如何重、壓力多麼大，有錢或沒錢，都需要兼顧休閒與工作合一，該度假就要去度假。

至於她為什麼對於去美國生活失去興趣呢？她說美國的競爭很激烈，薪水越高壓力越大，擔心失業的壓力無所不在，被裁員的殘酷情況更是時有所聞，例如：服務多年

的資深員工，都可能在週五下班前被部門主管告知，下週起不必來上班了。但是女兒說，在歐洲只要有永久工作合約，就不容易被裁員，生活步調也比較慢一些。

她說美國人大都自己開車，而她很不喜歡一個人長途開車（這又是出乎我意料之外！）猶記得 2016 年暑假，她大學畢業，一個人開車從芝加哥來東岸的 New Heaven 跟我們會合，展現小女子長征之旅的獨立精神。她開車十分平穩，很得爸爸的讚賞，乘客感覺安心，所以我認為她在美國生活應該更能得心應手。沒想到她並不喜歡美國的生活，只是過去沒有其他的選項，直到來了德國，才發現另一種新的生活模式。

在她生活過的一些城市，如：慕尼黑和她目前居住的奧斯納布魯克，外出的基本交通工具就是巴士、腳踏車，奧斯納布魯克相對來說更為鄉下，「滑板車」反倒成了他們日常生活行動的交通工具，騎滑板車既健身又環保。若是長途旅行的話就選擇搭火車，她說在火車上還可以跟旅人聊聊天，建立更多人際連結，數個小時的車程不以為苦。原來，這才是她更喜歡的生活方式。

一個人想要體驗生活、兼顧工作（不然就沒有收入來源）、同時還要維持生活品質，這是我在八〇年代末期的留學生生活中不曾有過的想法。在那個年代，我和留學生

朋友們的生活日常都是苦哈哈的，沒有生活品質的概念，那時候感覺生活再苦都可以忍受，只要能夠順利畢業完成學位就好，沒有什麼「工作與生活整合」的概念。當年我們只會利用學期末或星期假日不用上課的日子，朋友們相約聚餐，共享有醬油味的中國菜，唯有在這短暫聚會的時刻，會有一點生活品質提升的幸福感；對比女兒的生活體驗，不可同日而語。

　　經過嘗試、行動與反思，她更確定自己喜歡的工作模式，以及對生活品質的定義，儘管她尚未成為正式的上班族，不過博士生的身分也相當是在做一份工作。她的薪水從第一年每個月 1,700 歐元到現在 2,000 歐元左右，扣除每個月一房一廳的房租 650 歐元，加上個人的生活開銷，一個月還可以存下 500 歐元。

　　那她如何「生活」呢？多數時候都是自己採買親手做羹湯每日煮三餐，她的生活目標就是要吃得好、睡得好、不要苛待自己（她說想不出研究結果的腦袋與心靈已經夠苦了，也有道理）。她在研究工作之餘，最愛做的事情就是煮菜紓壓，也經常邀請朋友來家裡作客，樂於下廚招待友人，我觀察她的租屋處，洗碗機、磨豆機、微波爐、小烤箱等設備應有盡有，一應俱全，雖然是線上購買的二手貨，看起來也很有質感。隨著跟老師的溝通越來越順暢，

研究也更有進展，她感覺過得很好、很滿意自己的生活。她的生活體驗給了我很大的感觸，那就是「想要兼顧工作與生活，並不需要等到生活穩定了才開始」。

因應後疫情時代與快速高齡化趨勢，新的工作模式已經出現，工作與生活結合必然成為 3.0 健康職場的必要選項，新科技的發明也間接促成大家能夠在工作、家庭與休閒生活中找到平衡點，更有機會實現工作與生活兼顧的理想人生。

### 原則二：對準想要做的事，應用設計思考方法邊做邊修

百年人生的趨勢提醒了我們要預先準備未來；不過，並不是要去預測遙遠的未來會發生什麼事情。心理學家已經告訴我們，只要開始擔心某一些事情，就容易陷入無力感與負面情緒，最後使自己筋疲力盡，然而，你擔心的事多半都不會發生。未來不確定是必然的，所以無論我們如何準備、獲取多少訊息，都無法消除不確定的因素。面對這種情況，一方面要前瞻因應，但是又不要想太多，那應該怎麼做呢？心理學家教我們保持忙碌，選擇能吸引自己注意、自己也有興趣的活動去參加，比如唱歌、跳舞、學語言、志願服務等，想辦法讓自己忙碌起來。其次，就是積極思考，取代負面情緒，面對不確定未來的最佳因應方法就是接受它，應用設計思考的方法專注於自己所能掌控

的事情，有助於保持靈活的思維與彈性應變的能力 [6]。

　　所謂設計思考是一種以人為本的創意思考，從人的需求出發，尋求創新解決的方案，創造出更多的可能性。過去，我們比較常使用的是「理性」分析思考，這種思維通常需要把一切都想清楚，人與錢都到位，才可以完成計畫。而設計思考是一種比較「感性」的分析，注重「了解、發想、構思、執行」的過程，在行動中同步修改，是一種動態的概念。設計師只要開始行動，就知道如何繼續行動；只有開始行動，所需要的資源才會出現。

　　由於設計思考強調行動中修正的動態概念，在設計工作時可以鎖定較短的時間來思考，史丹佛大學人生設計課的兩位教授建議使用「最近兩年想做的事情」來規劃，而不是用「這一輩子想要做的事」來思考。

　　此外，設計思考也強調所有的行動隨時都可以重新來過、人生可以不只一個計畫、要結合各個面向整體思考。例如：工作板塊的設計不是在找一個工作，而是在設計自己想要做的事，可以多個計畫並行，而且每一個計畫都是A 計畫，不論有沒有薪水；當然也可以是由休假、進修和旅行所組合而成的一連串任務。本章後半段會介紹幾個工作板塊設計的實例，大家會更為清楚。

## 原則三：向內探詢，認識自己真實的想要

在 1.0 傳統生涯中，一個人的出生條件可能會影響他的發展。然而在 3.0 的長壽社會下，我們可以創造更多的人生階段，也會經歷更多的轉變與選擇。當我們可以選擇的機會越多，先天條件對於我們的影響程度就會越小。百年人生社會需要靠自己認識自己，因此，認真探詢自己真正想要，將成為人生至關重要的課題。

你了解自己真正想要的是什麼嗎？有人可能會想，每天生活要忙學業、忙工作、忙孩子、忙賺錢……哪有時間想自己要什麼？更別說想像未來了。其實，這些忙碌多半是為眼前急迫的事情，如果沒有有意識地思索，這些都可能在長期與自己想要的人生脫勾。例如：有很多學生在校期間狂修各種課程，目的是想要增加自己的職場競爭力，但是真正進入社會後，才發現過去修的那些課雖然得到學分與成績，卻不一定等於獲得能力。職場真正需要的技能，例如溝通表達與團隊合作等，都不是課堂上就能學到的。有些人的工作目標是想要快速達到財務自主、提前退休，去做自己想做的事情；然而熬到退休之後，才發現根本不知道自己真正想要做什麼。

為了找到真心想做的事，需要養成反覆與自己對話的習慣。日本作家八木仁平為了找到真心想做的事，研究「自

我理解術」，還出版《發現你的天職》一書 [7]，提供關於
實現「自我理解」的步驟，包括：找到「重要的事」、找
到「擅長的事情」、找到「喜歡的事」這三個架構。他認
為成功的人生就是做自己想做的事、愛自己想愛的人、成
為自己想成為的自己。為了「做自己」，我們必須先認清
自己、了解自己，找出對於自己而言重要的事，才能實現
真心想要的生活。

## 7.3 工作板塊設計案例

設計思考的過程包括「同理心」、「定義需求」、「創
意動腦」、「製作原型」、「實際測試」五個步驟 [8]，我
們在前述的原則中強調向內探詢、了解自己的重要，與前
兩個步驟有所呼應；而後面三個步驟可以透過更多的工具
來幫助自己做出更具體的行動，例如：利用心智圖發想可
能的營利模式，利用「內在的聲音」組合出最契合自己的
工作方式，應用 AEIOU 及好時光日誌來找到最有生產力
的工作狀態（詳見第 3 章），透過人物訪談來掌握工作訣
竅或資源、打造原型來測試市場……以下我們以不同的人
物案例，介紹幾種不同的工作板塊設計，供大家參考：

## 案例一：在現有工作中挖掘意義與興趣

如果你對現在的工作感到可有可無、缺乏熱情，也許可以從下面的例子中找到一些心法，藉此自我檢視並做調整，讓自己不必「身在職場心已退休」，或者擔心未來可能會「被退休」。

瓦特・奧特曼（Walter Orthmann）是巴西人，2022年滿一百歲的他創新了金氏世界紀錄：在同一家公司服務達 84 年又 9 天。生在經濟大蕭條時代的奧特曼從 14 歲便開始工作養家，出生在德裔家庭的他靠著流利的德語順利進入 Reneaux View 公司擔任運務助理，由於他表現優秀又好學勤奮，很快就晉升到銷售部門，到職僅一週就接到三個月產能的訂單，他也在此發現自己的熱情與天賦。他一直都是公司裡最活躍的銷售經理之一，不斷遊走巴西各地拜訪客戶，和客戶建立長期友好的關係。

在他的職涯中，公司、國家與世界發生過多次重大變化，包括二次世界大戰、冷戰、後冷戰時期的社會改革動盪，以及進入全球網路時代。他始終能夠跟上潮流，接納趨勢與改變；他的個人魅力、人際技巧與同理心，使他在任何時代都能稱職地扮演好各種角色，成為公司不可或缺的一員。奧特曼的健康狀況良好，腦筋清楚、記性佳，他

每天的例行活動就是早起運動，然後自行開車上班。他沒
有退休的打算，也不覺得有退休的必要 [9]。

　　奧特曼的作法可以幫助我們思考，在現有工作中發掘
意義與興趣。如果你對目前工作覺得可有可無、也不想轉
換跑道的話，可以試試奧特曼的方法，藉此來調整自己的
工作板塊。

## 在現有工作中發掘意義與興趣的祕訣

1. 專注當下，享受當下：不要花太多時間思考未來該
   怎麼辦，而忽略了現在該做的事。以奧特曼為例，
   他總是專注於實實在在過完今天，不知不覺就來到
   一百歲。

2. 在工作中找到意義：奧特曼相信工作的價值在於提
   供目標、承諾與常軌，這是他自己創造與認同的工
   作意義，並不是別人給的。

3. 在工作中找到熱情與天賦：他在工作中找到了自己
   的熱情與天賦，他發現做自己喜歡的事情時，時間
   總是過得很快。

4. 接納改變，持續學習：奧特曼的職涯經歷許多重大
   的時代變革，他透過學習、持續調整來因應。身處
   現代的我們，要面對的變化可能更多更快，因此更

需要有彈性與自我導向學習的能力來因應。

### 😊 自我評估練習

✦ 我是否認真過好當下的每一天？或是花過多時間想像未來，反而難以聚焦手邊的事務？

✦ 我目前的工作意義是什麼？

✦ 我目前是否享受工作？我發現工作中的樂趣是什麼？

✦ 我是否具有應變彈性？我能持續學習跟上專業領域內的趨勢嗎？

## 案例二：從興趣出發，創造新工作

《多少才夠？》作者艾貝在書中提到某位聽眾的故事，正是「從興趣創造工作」的好例子。這位聽眾過去擔任商務法律師，在24歲那一年決定放棄法律，改行當詩人。雖然詩集不賣錢，但他想到很多人需要在不同的場合說話，如：婚禮、喪禮等，因此興起一個點子：幫別人寫講稿，每一篇以 500 美元計價，每年大約有 10 萬美元的收入。他發揮自己所擅長的內在技能，做自己快樂的事情，因為工作快樂，也改善他的財務，帶來正向循環[10]。

　　第 3 章提到的瓦基，則是透過部落格與 Podcast 來推廣閱讀，從零打造出前所未有的工作方式。大量閱讀讓他掌握更多思考的架構、模型以及最新趨勢；說書則幫助他將書中內容以清晰有條理的方式表達出來。他提到，自己在不同的職涯階段，都曾參考《一個人的獲利模式》書中的模型來規劃工作板塊的可能發展。在離職之後，他更是以興趣為基礎，透過模擬、反思、練習、嘗試，逐步設計出「以推廣閱讀為核心」的全新工作模式，實踐了非典型的自主工作人生 [11]。

　　對於想要發展安可職涯的中年人來說，第 3 章提到的花波兒園藝案例也非常值得參考。花波兒園藝創辦人夫婦也是先從興趣開始，一邊進修和學習，慢慢摸索和嘗試；一邊也不忘享受退休的悠閒生活。剛開始，他們對於要用園藝做什麼還是很模糊，因此不斷參與課程與拜訪相關業者，找尋心中真正想要。花波兒的先生也去上了木工課程，思考與未來的園藝事業做搭配。他們在大量多樣的園藝課程中逐步探索，最後發現了「讓內心閃閃發亮」的模式：生態缸（瓶中花園），最終聚焦於此，作為安可職涯的主軸。從拜師學藝開始，接著擺市集讓作品曝光、經營臉書粉專吸引客戶，後來陸續開設小型工作坊，也接到企業客戶的訂單，逐漸摸索出一條結合個人興趣與營利事業的新

職涯之路 [12] 。

### 從興趣出發，創造新工作的祕訣

1. 運用資源（課程、模型、工具）來模擬、嘗試、探索：如果不知道自己喜歡什麼，可以透過第 3 章的工具表單做練習，例如：利用心智圖分析工具，想出各種生涯構想；或是參與課程或社團行動體驗，確認是否為真心想要；也可以向自己的標竿請益，或聘請行動教練協助，這些資源都可幫助自己，為下一段工作設計出更具體的輪廓。

2. 邊做邊修：有了初步輪廓之後，盡快打造原型，開始行動試試看，再持續應變，滾動式調整。

3. 對準真正想要：找到最能符合自己興趣的方式，不只是為了找到一個工作。如花波兒太太一樣，當你接觸到真心想要的事物時，內心自然會有一種「對了！這就是我要的」那種感受。

4. 樂在其中，不用管別人怎麼看：既然是從興趣出發，就要確保自己樂在其中，不管是律師變成撰稿人、科技新貴放棄高薪工作、還是金融業主管與書記官到市集擺攤賣盆栽，他們都活出自己獨一無二的精采生活，即使他人看不懂或不看好，也都無所謂。

☺ **自我評估練習**

✦ 做什麼事情會讓自己感到快樂、有意義？

✦ 有什麼事情會讓你願意為它改變現有的生活，會願
　意挪出時間、精力去做？

✦ 哪些正在運作的計畫，是你感興趣的？你可以搜尋
　自己感興趣的領域相關活動，主動詢問參與方式或
　擔任志工。

✦ 利用本書工具試著練習發想：從自己的興趣出發，
　可以發展出什麼樣的工作？

## 案例三：多段職涯設計

　　多段的職涯設計是生涯 3.0 必然的取向，所謂多段的
職涯可能是轉換不同公司、轉換跑道，或者退休後重新展
開安可職涯。那麼，該如何設計多段職涯呢？網球之王費
德勒（Roger Federer）從球場轉換跑道的案例，或許可以
提供我們一些設計靈感。

　　2022 年 9 月 23 日在英國倫敦舉行的拉沃盃（Laver
Cup），費德勒以 41 歲的年紀打完生涯最後一場職業比賽。
過去三年，他面臨受傷、膝蓋與其他大小手術等健康挑戰，

身體已經到了極限。他知道自己無法一輩子當選手，所以在職業選手時期就開始嘗試多元合作，藉此磨練商業判斷的經驗。他在養傷跟疫情期間接觸投資生意，透過妻子認識了家鄉瑞士在地新創品牌 On Holding，並在 2019 年投入研發球鞋的行列。

費德勒以網球單打揚名全球，但最後一戰比賽，他卻選擇雙打，而且還邀請了風格完全不同的納達爾（Rafael Nadal Parera）一起。他把謝幕演出當成是未來職涯的開始，透過雙打把榮耀歸予身邊的人，讓所有與他同場較勁的選手，都能因此獲得關注。他把關係放在個人成就之前，展現沒有敵人只有朋友的胸襟，為他的謝幕賽加分並且成功創造話題[13]。

費德勒順利從球場轉換跑道的多段職涯設計關鍵因素，包括：及早準備、意義謝幕、連結未來。費德勒在不同的年齡階段，都能夠主動選擇最適合自己的事業，雖然他已在網球界取得極大成就，但是他不留戀過去，放下已有的榮耀，在最巔峰時期為退役做準備，發現新可能、找到新方向，這正是人生「第二曲線」的最佳案例。

「第二曲線」是指：在第一曲線仍持續向上延伸時，就拉出第二條曲線[14]。在認清高齡社會百歲人生的事實後，多數人都不排斥繼續就業，也積極思考如何提早拉出第二

曲線，然而，人們經常陷入一個困境，就是不知道要做什麼？不確定自己真心想要的是什麼？因此，設計多段職涯工作板塊的第一步，就是知道自己想要做什麼；接著再深入探索，了解或設計出想要的工作細節，例如：需要什麼訓練、什麼學位、可不可以兼職、工作時間如何、薪資如何……費德勒的作法有許多啟發，協助我們善用過去的經驗作為籌碼，及早準備以創造出下一段理想職涯。

## 多段職涯設計的祕訣

1. 提前準備，見好就收：在第一曲線仍持續向上延伸時，就該開始思考第二條曲線，這需要及早規劃與行動，也要有見好就收的智慧。
2. 探索下一段工作想要做什麼：透過本書中提到的各種表單工具，認真練習並且寫下來，才能找到自己的興趣、優勢以及下一段工作的可能樣貌。
3. 盤點優勢，為未來鋪路：花時間盤點自己的人生至此所累積的知名度、人脈、資源、技能與經驗，作為發展下一段職涯的資本，藉此發現更多的可能性。

## ☺ **自我評估練習**

✦ 目前的工作要做多久？如何銜接下一段職涯？

> ✦ 預計何時退休？如何退休？
>
> ✦ 尋找你喜歡的下一段生涯模式與人物，直接請
>
> 　教對方；或間接查詢資料，了解對方的故事。

# [7.4] 工作板塊設計的提醒：心法與方法

　　百歲人生時代，未來「工作」將呈現出不同的樣貌，退休的概念也會從「退出職場」變成「轉換舞台」，這樣的未來十分令人期待。最後，我們總結工作板塊設計的心法與方法，供大家參考：

## 一、工作板塊設計心法

1. 更新工作觀：設計工作板塊最重要的關鍵，就是人生觀、工作觀與價值觀要能夠對齊一致；此外要確認它符合 3.0 生涯的思維，不要落入 1.0 的老舊概念，被過去的經驗困住。

2. 注意自己「心」的方向：一個人能做自己心之所向的工作，是最大的幸福，其中的祕訣就是要關注自己的內在聲音，認真投入與積極行動，不要管別人怎麼看你。

3. 保持開放，不怕改變：保持彈性的心態，使自己可以靈活改變，邊做邊修，創造真心想要的職涯。

## 二、工作板塊設計方法

1. 動手設計：設計工作板塊有很多工具可以利用，請不要只用眼睛看、一定要動手練習：寫下來、畫出來、實踐看看，才能找到讓自己心動的「啊哈！」時刻，感受自己想要的工作模式。

2. 快步行動、快步修正：有幾分準備就做出行動，即使是微小的行動也很好，學習從各種嘗試中累積經驗、從行動中調整，這是最有效的設計方式。

3. 自我導向學習，與時俱進：在傳統 1.0 生涯時代，年輕時所習得的知識技能或許可以用到退休；但是面對快速變化的環境，如果想要繼續工作、維持生產力，勢必要終身學習新知能。凡是能持續工作並且閃閃發亮的人，都是能夠放下自己、重新學習的人，迎向百歲人生時代，「自我導向學習」將是持續延伸工作板塊的終極解方。

　　百歲人生時代充滿各種可能與機會，每一個人都可以往自己心之所向前進，也可以隨時重新來過。掌握幸福人生的祕訣很簡單，就是要繼續工作、而且是做自己喜歡的事情；同時透過工作與人連結，這才是 3.0 工作板塊設計的最高指導原則！

## 😊 人生設計練習題

✦ 有哪些事情會讓你願意為它改變現有的生活，
是你現在就願意挪出時間、精力去行動的？請
把這些事情都寫下來。

第 7 章練習表單
學長姊的人生設計練習案例

未來的學習者與工作者，應該是由興趣所驅動。

設計一個自己喜歡的工作，終身工作，是百歲人生時代最幸福的事。

第 **8** 章

# 讓幸福加倍的連結板塊設計

良好的關係會讓我們更快樂、更健康。

快樂和完滿人生的最重要因素,說穿了,就是愛。

——哈佛成人發展研究主持人暨哈佛醫學院精神醫學教授

羅伯特・沃丁格

由於撰寫這一本以「樹」為意象的生涯設計專書，我開始更加關注與大自然相關的主題報導，其中，加拿大生態學家蘇珊・希瑪爾（Suzanne Simard）的研究令我印象深刻：在全球累積千萬點閱率的 TED 演講中，希瑪爾深刻而動人地描述了她所研究的樹聯網（另一種 WWW：Wood Wide Web），原來，樹木跟動物一樣，彼此之間也有溝通的網路。而她的著作《尋找母樹》更啟發了電影《阿凡達》的導演，設計出片中的「靈魂之樹」。希瑪爾發現，樹木是錯綜複雜、互相依賴的生命共同體；而森林是一個互助合作的社會，其中的生物透過地下網路與彼此相連。樹木透過地下網路，把自己的長處和弱點與群落其他成員分享，這種模式其實跟人類社會並無不同 [1]。

人生如樹，樹如人生，「連結」對樹來說非常重要，對人類來說，更是增進幸福感的關鍵要素。希瑪爾的研究為人際連結與生長發展的關係做了很好的詮釋。

# [8.1] 百歲人生幸福加倍的連結策略

希瑪爾在研究森林時發現，母樹用來滋養森林的連結網，正如同凝聚人類的家庭和社會，而這種難分難捨的連

結，正是世界萬物得以存活的關鍵。的確，人際關係的連結一直都是人類社會存在的關鍵之一，我們每天生活在數不盡的連結當中，經過互相影響而建立起社會。人與人之間互相幫助，不斷反覆加強連結，形成互相信賴跟彼此尊重的情緒。有人把人際連結這種無形存在當作是一種社會資本，意指個人從社會網絡與社會關係中可以獲得的價值，在職涯發展過程中可以發揮重要作用[2]。

　　人際關係的連結可以作為個人的社會資本，也能增加生活幸福感與生存意義感。哈佛大學從 1938 年開始一項人類發展研究持續至今，這項號稱史上最長的研究結果發現：良好的關係讓我們維持快樂與健康。與家人、朋友、社群保持較多聯繫的人，心靈上比較快樂、身體也更健康；良好品質的人際關係對健康有保護作用，能減緩老化所帶來的生理與心理衝擊[3]。此外，日本第一經濟研究所的研究也建議，高齡社會需要準備的資源，除了要延長「健康」壽命以及「資產」壽命之外，也需要延長「連結」壽命[4]。良好的人際關係是美好人生的基礎，對個人、社會都有重要意義。面對百歲人生，設計一個有益身心的連結板塊，對所有年齡層的人都至關重要。

## [ 8.2 ] 當代社會人際連結的危機

　　諷刺的是，這個最容易與人連結的時代，卻也是有史以來人們感受到最孤獨的世紀，不論哪個族群、教育程度、富有程度，大家的共同點就是都曾感到孤寂。前述的哈佛研究中也提到，孤單的感覺對身心都是毒害，如果人們非自願地感到孤獨，會容易感到不快樂；中年時可能會提早出現健康問題，大腦功能也可能會比較早開始退化，增加早逝的風險。

　　《當我們一起》作者維偉克‧莫西（Vivek H. Murthy）是美國總統歐巴馬、拜登最倚重的公衛大臣、抗疫大將，身為國家醫生，他研究重要的健康與疾病問題，發現現代社會最難治癒的不是心臟病或糖尿病，而是孤獨；而孤獨又與許多疾病相連，形成惡性循環。長期感到孤獨的人，相當於每天吸 15 根煙；心臟病、高血壓、失智、憂鬱症、成癮、暴力、自殺的背後，都有孤獨的陰影。針對這個 21 世紀快速蔓延的新流行病，英、德兩國都已經設立「孤獨部長」，迫切希望解決這個「世代問題」[5]。

### 網路社群副作用，造成人際關係斷裂

　　生活在現代社會為什麼會感受孤獨呢？原因之一就是在資訊科技社會中，人際關係多半是以「匿名」的方式存在，使得人我關係呈現不穩定、支離破碎，造成潛在危機。由於社群網站具備追蹤、轉貼、按讚等互動功能，因此很容易影響個人的喜怒哀樂，如果依賴越大，越感受到自己不存在於此；有時感覺有些事情好像大家都知道，只有自己不知道、跟不上話題，但是，又不經意知道一些不需要了解的事情，因而感到壓力。

　　根據日本第一經濟研究所的調查結果，一般民眾使用社群網站的目的多為：得到新知與資訊、消磨時間、聯絡通訊以維持朋友或熟人的關係、發布興趣或是獲知有興趣的活動等。由此可知，大家使用社群網站多半為獲取資訊而非建立實質的人際連結關係[6]，因此造成了一種現象：一個人雖然有大量的連結，卻仍感到孤獨和寂寞。感覺社會孤立的人越來越多，而幾乎沒有跟家人或社區接觸的社會孤立，正是造成失智症的高風險因素。

## 怕危險、怕麻煩、怕示弱，阻礙了人際關係發展

　　在上述的日本研究中也發現，多數人面臨一個現況，就是不知道自己住家附近住的是誰，受訪者表示從來沒有跟附近的人講過話，因為擔心如果發生什麼事情會很困擾，

所以最好不要跟他人扯上關係。也有人表示雖然也想跟社區鄰居夥伴建立關係，但又害怕帶來麻煩；加上目前好像自己一個人獨立生活也是過得好好的，日常所需事物都可以透過網路、便利商店取得，生活不需要跟他人互動也可以正常運作，有時只需利用社群網站聯繫就足夠了。

此外，人們對於向別人求助這件事情經常敬而遠之，不想依賴他人。雖然與朋友關係親密，但是要向朋友或熟人尋求協助，還是會感到不好意思。比起拜託朋友或熟人，多數人會想用委外服務來解決問題，也就是花錢來解決。再者，即使感覺孤獨，也很少人願意開口表達出這樣的情緒，向人表示孤獨會讓人感到自卑，好像間接承認自己沒有朋友、不討人喜歡、不值得被愛。

## 年紀越大，越不想經營人際關係

日本的幸福人生調查結果發現，能夠在工作層面如魚得水、表現良好的人，都是在 30 幾歲就開始管理健康，與人連結並且保持學習的習慣[7]。可惜的是，一般人在 40 歲之後，在「與人連結」及「重新學習」這兩方面的投入比例會逐漸下降，最後大多都只有追求個人的「健康」。不少人覺得自己就要退休了，不必再積極尋求建立人脈、與人連結；也因為計畫著要退休，更覺得沒有必要繼續參加

什麼訓練研習。退休的人一方面斷絕工作上與同事的往來，一方面也沒有打造新的連結，加上缺乏社會參與，逐漸成為無角色之人，從而出現人際關係的缺口。

　　除此之外，自 2020 年開始，疫情帶來的隔離感、家庭關係的疏離，以及過度倚賴網路連結等，都讓人與人的交流越來越稀少，也不想要經營複雜的連結，更不用說展開多層次的連結了，這些因素都對人際關係造成阻礙，使孤獨感更加劇。不過，《當我們一起》作者莫西認為孤獨也是一種渴望連結的訊號，這種「想和他人連結的動力」就是人類最重要的生存本能之一，藉著連結來對抗壓力和焦慮所帶來的生物性破壞，是最好的良藥[8]。唯有連結能讓我們克服孤獨，解決當前個人和社會所面臨的難題，打造彼此關係更緊密的未來。

## [8.3] 設計連結板塊的原則

　　相互連結是人類與生俱來的生存能力，但維持關係並不是一件簡單的事情。因應世界環境變遷，打造一個與自己人生觀對齊一致的連結板塊，將成為我們寶貴的資產，同時也能帶來幸福人生，而建立這種連結關係需要刻意設

計、用心學習累積。在設計百歲人生時代下的連結板塊時，可以參考以下三個原則：

## 原則一：思考想要建立什麼樣的關係

建立社會資本的基礎在於人際關係的建立，而社會資本最核心的概念是「互動」，最根本的意義就是「互惠互利」（mutuality）。設計連結板塊的起點，首先要問「我要建立什麼樣的關係」。與人連結的方式有很多種，最好的選擇是與個人的價值觀與人生觀一致，我們可以從以下幾個方向來思考：

1. 在形式上：我想要實體或線上的連結？或者兩者兼具更好？想用實名或匿名互動？一對一或一對多？

2. 在互動上：我喜歡主動還是被動的方式？健康的主動連結像是主動發起活動（揪團）、積極參與他人的活動、主動提供協助等；而健康的被動連結則是善用每次交流機會，真心傾聽他人並持續提供資訊與協助。此外，在需要時勇敢開口請求支援，也是一種健康的連結方式。

總之，選擇最適合自己的方式來設計、建立人際連結板塊，才能輕鬆經營關係，不感覺費力，千萬不要為了連結而連結，以免造成另外一種壓力。

## 原則二：盤點自己的社會資本現況

　　評估自己的社會資本現況、並有意識地厚植這項資本，是十分必要的，有助於我們為百年人生做更好的準備。儲存社會資本的重要性與理財一樣不可或缺、甚至更為重要。以下三個步驟供你檢視自己的現況 [9]：

1. 首先以自己為中心，重新檢查你和他人及物品之間的連結狀況：建立自己的照顧生態圖，把個人與環境互相作用的部分，當成是生活現狀，把焦點放在生活現狀產生的生活課題，用視覺圖來呈現關係。

2. 其次，檢視自己的社會支持：社會支持是指那些會傾聽你的煩惱、給你建言、並用具體的方式提供你協助的人，其中又可分為四種類型：

　　(1)情緒性支持：透過同情或傾聽，願意和你商量並鼓勵你的人。例如，願意關心你的健康、互相分享喜悅與悲傷的、陪你享受閒暇時間或假日的人。

　　(2)實質性支持：願意提供你有形物品或服務的人。例如：日常生活中會幫助你各種小事、跟你一起解決身邊問題、緊急時刻願意提供金錢照顧援助的人。

　　(3)知識性支持：願意提供你解決問題所需的必要建議或資訊的人。

　　(4)評價性支持：願意欣賞你能力或努力的人。

請寫下你的社會支持來源有哪些類型？哪些人？再依據以上四種社會支持類型，檢查自己曾經得到的支持，或是曾經提供的支持，在這些連結中，你有什麼新的發現呢？

3. 評估自己的社會資本組成結構：日本的研究發現 [10]，20~30 歲的女性以及 50~60 歲的女性都擁有多樣化的連結，而男性只有在 20~30 歲時有比較多的連結，男性從 40 歲以後，多樣化的程度會下降，不管是哪種類型的支持都變少，因此，男性更要注意自己的連結資產結構組成，建議男性讀者可以使用本章最後的社會資本評估表來進行自我評估。

## 原則三：刻意經營各種「弱連結」

美國社會學家暨史丹佛大學教授馬克・格蘭諾維特（Mark Granovetter）主要研究社會網絡，他於 1974 年提出知名的弱連結理論（Weak Ties），指出弱連結能產生更大的價值，與一個人的工作和事業關係密切。與弱連結相反的概念是「強連結」（Strong Ties），指與自己頻繁接觸的親朋好友之間的連結關係。我們的家人、同事、朋友，跟自己有更多親密互動，關係也比較穩固；不過，他們和自己的想法、價值觀和生活風格接近，所以從這個管道所得到的資訊，多半同質性高、容易重疊，也就是所謂的「同

溫層」。反之，弱連結這種不太深入的人際關係反而可以提供一些強連結所無法提供的訊息，對於個人的工作、事業和信息傳播有潛在的競爭優勢[11]。格蘭諾維特的研究發現，弱連結比親近互動的人脈要能產生更大的價值，與個人工作和事業關係最密切的社會關係不是「強連結」，常常是「弱連結」。

　　雖然我們都重視強連結的人，但是根據格蘭諾維特的研究，影響我們人生的其實是弱連結，這是因為弱連結的人不了解你，對你沒有先入為主的觀念，而強連結的人則清楚你的喜好，例如：知道你不喜歡運動，就不會找你去慢跑；不知道的人反而有機會約你運動，而你可能因為新朋友的邀請，不好意思拒絕對方，結果改變你的習慣、行動與選擇，人生自然也就改變了。

　　在科技、數據化的今日，弱連結具有低成本和高回報的傳播效率；尤其面對百歲人生的未來，更要刻意加強以往被我們忽視的弱連結，例如：與社區鄰居建立更進一步的關係，落實「遠親不如近鄰」的概念，這在高齡化、獨居盛行的時代，更顯重要。個人想要將弱連結發展到什麼程度，完全由自己決定，建議你從最基本的關係開始，例如：了解社區在進行什麼活動、參加社區的防災訓練、確認離自己最近的避難場所路線，以此開始慢慢了解社區狀

況，為自己打造安全的防護網。

　　另一項日本的研究發現，決定一個人主觀幸福感的三大要素包括：健康、人際關係以及「能夠決定自己的人生之路」**12**。為了建立良好的人際關係，不再是一個人去運動、一個人去吃美食，最好能連結朋友，結伴一起去運動、共食以及參與活動，更能感受幸福，而且，這樣在設計連結板塊時，也能同時關注健康與工作板塊的規劃，可以做出更完整的設計。

# [8.4] 連結板塊設計案例

## 案例一：應用科技創新連結

　　通訊科技、社群媒體為我們帶來不同樣貌的連結方式，因此善用科技可以為我們帶來許多正面效益，如：有許多課程會在課後邀請學員成立群組，供同學間持續練習或分享交流，透過線上平台讓大家可以一起切磋精進，利用共學活動來維繫彼此的情誼，這就是透過科技創造新連結的好例子，大家可以選擇參與一些這樣的社群，為自己拓展有益身心的新連結。

　　也有人主動地運用社群媒體開創不同的連結模式，例如「內在原力」粉絲專頁就是一個很好的例子[13]。版主愛瑞克過去從事金融業，40 多歲便財富自由從職場退休，專職寫作與演講來推廣閱讀及正向思維。他透過寫書來傳遞飽覽群書後的心得與智慧，並藉由臉書粉絲專頁來與網友互動，也會針對陌生網友們的各種人生疑惑給予真摯而充滿正能量的回答。他還經常發起捐書到各地學校、公益演講等慈善活動，邀請網友們跟他一起做好事（而且他希望每人不要捐太多，讓更多人有機會參與）。此外，他也會在各種場合拉抬新進作家或邀請在各角落發光發亮的網友們曝光，讓更多努力的小人物被看見。線上社群的經營帶動了實體演講的機會，因此他也常應邀舉辦演講，散發正向思維，激勵大家引爆自己的內在原力。

　　透過社群媒體，愛瑞克整合線上社團與線下演講，將陌生網友們串連在一起，形成正向弱連結，透過學習自我激勵以及主動付出善意，自發性地創造出更多美好的能量循環。而他自己也因為這樣的經營而有更多知名度與可信度，獲得更多演講邀約，散發更多影響力，實踐自己心之所向的「利他共好」終極理想，可說是聰明運用科技與社群媒體的力量、創造正向連結板塊的典範。

### 應用科技連結線上社群的祕訣

你也可以這樣試試看：

1. 從人生觀出發，思考並寫下科技或社群媒體可以如何幫助你創造新的連結。

2. 主動聯繫你所認同的社群媒體意見領袖，誠心請教他們的作法或心得（通常他們都會願意與你交流）。

3. 在社群媒體上，主動幫助有需要的人，例如：回答你專業領域的知識或經驗，響應你認同的社團所舉辦的活動，給網友們留下讚美或鼓勵的留言；如有適當機會，亦可幫忙不同的社群成員彼此串連資源。

4. 主動加入自己需要或感興趣的社群，在網上與社群夥伴保持得體而友好的互動；當你需要時，勇於求助並表達感謝。

## 案例二：為人生下半場重新整理人際關係

人際關係也像花園一樣，需要勤於照顧、定期修剪，才能維持美麗樣貌。人生下半場的連結同樣需要有意識地整理，剪去不要的、加上需要的，在斷捨離之後也要重新創造新連結。

　　我認識一位優秀的警官，他在 55 歲仕途大好之際提早退休，他說自己過去太投入於工作，沒有時間陪伴家人，因此要及早回歸家庭，把握時間修復與家人的關係。他在退休後便斷絕與過去所有同事朋友的聯絡，專心陪伴太太悠閒度日。某一次他在樂齡中心聽了我的演講，非常認同連結板塊對人生下半場的重要，認真地檢視了自己的社會支持結構，還把他的練習結果與連結板塊設計跟我們分享；課程結束後，也會不定期地發郵件跟我聊聊各項進度：他開始參與社區大廟的志工導覽服務，並且到社區大學學薩克斯風，還積極學習使用 google meet 跟遠在花蓮的孫子女視訊通話。他說這些都是過去沒有想過要做的，退休之後，他勇敢而主動地跨出去，拋出一個又一個連結他人的善意之環，在一次次的互動往返中，逐漸為人生下半場串起一個嶄新而美好的人際關係網。

## 人生下半場新連結的設計祕訣

　　你也可以這樣試試看：

1. 打造新的連結：例如：參與志工服務、投入興趣團體、透過科技使用新的連結方式、主動跟老師或專業達人聯絡，分享心得或表達謝意。

2. 修復舊的連結：例如：重拾學生時代之友誼、重新

塑造與家人的關係。

3. 創造地緣連結：與居住鄰里建立關係，主動籌組活動或者參與里長主辦活動、甚至投身志工服務等，都是很好的方式。

4. 聆聽內心聲音：應用與自己的人生觀與價值觀相符合的連結策略，真正認同下半場人生「連結」的重要性，主動做出改變，勇敢斷捨離，打掉再重建。

# 8.5 連結板塊設計的提醒：心法與方法

百歲人生的幸福策略，在於確保「健康」、「金錢」、「連結」三種人生資產，其中又以連結資產最重要。人際連結可以補足並增強健康與金錢層面的資產，例如，透過參與社會做出貢獻，提高自我滿足感，強化有意義的人我連結，儲存社會資本，讓自己活得長壽又健康。以下總結連結板塊設計的心法與方法：

## 一、連結板塊設計心法

1. 真心認同連結的重要，願意更新人際網絡，一面勇敢斷捨離、另外也要勇於重新連結；願意幫助他人，也接受

他人幫忙，同時能適時求援。

2. 連結與自己的人生觀、價值觀相符的人際網路，才是持久之計。

3. 人際連結要由自己出發，用適合自己的方式設計策略，有意識地使用有助於連結的工具，但是不要被工具拖著走。

4. 連結很重要，但不要把全部心力放在連結上，否則可能會患得患失、過度在意，反而造成另一種壓力。

5. 在與人連結之餘，也要保有自己獨處的時間。

## 二、連結板塊設計方法

1. 以「利他」為出發點：利他是最有效的連結方法，幫助他人時，最大受益者就是自己。關注每次連結中與人互動的品質，專注傾聽、付出善意、口說好話。

2. 善用科技設計連結方式：例如：主動聯絡心目中的榜樣人物，設計有趣的活動，和親友在線上相聚、聯繫感情。

3. 在設計連結板塊時注意系統思考：個人的健康、工作、連結三個板塊是彼此相關、互相牽動的，串連三者同步思考，可以更有效地落實人生藍圖設計。

4. 幫助下一代：《當我們一起》作者莫西提到，新世代在網路中成長，會比過去世代更容易陷入孤寂的痛苦，因此呼籲大家，幫助下一代建立比現今更富連結的社會。

在百歲人生時代，我們都有可能體驗到巨大的社會變化，遇見許多無法預料也無法想像的事情，我們可能有更多機會送別周遭親友，也可能有更多機會實現夢想、為社會做出貢獻。如果，我們能夠建立一個可以分擔喜悅憂傷、提供彼此支持鼓勵的連結網絡，將會成為我們持續前進、不斷成長的正向助力。在此也歡迎大家持續與作者們連結成為一個社群，大家一起來設計心之所向的美好人生（關於人生設計社群的連結策略與進行方式，請見第 10 章及後記）。

## ☺ 社會資本評估表

社會資本評估表（姓名：＿＿＿＿＿＿＿）

### 第一部分：基本社會網路評估

1. 列出你所參與的團體／專業組織／志願服務小組

2. 你在那些團體中的角色是什麼？

3. 你所列的這些團體，對你的社會資本幫助程度如何？提供你什麼樣的支持？

4. 你有哪些社群網站？這些網站對你的幫助是什麼？提供你什麼樣的支持？

5. 請列出你在緊急情況時，可以放心打電話給他，而

他一定會幫助你的人？（不含配偶與孩子）

## 第二部分：社會支持盤點

整體評估自己在以下四種社會支持的現況：

| 社會支持類型 | 提供該支持的團體／人 | 需要如何補強 |
| --- | --- | --- |
| 情緒性支持 | | |
| 實質性支持 | | |
| 知識性支持 | | |
| 評價性支持 | | |

## 第三部分：社區連結評估

請回答以下問題：

1. 你認識自己的鄰居嗎？你平常如何敦親睦鄰跟鄰居打交道呢？
2. 你如何知道社區及在地的資訊呢？
3. 你希望在社區和他人交流到什麼程度？你想建立什麼樣的互助關係呢？

☺ **人生設計練習題**

讀完這一章並做完前面的社會資本評估表之後，你想要打造哪些新的連結呢？請寫下來。

第 8 章練習表單
學長姊的人生設計練習案例

美好人生需要靠良好的人際關係來打造。一起學習打造最適合自己的幸福連結網路吧！

第 **9** 章

# 想像你的人生樹要長成
# 什麼樣子？

把注意力放在你打算造就的事物上。

——納瓦爾・拉維肯

# [9.1] 生涯 3.0，人生各自精采

　　日本有一部令人印象深刻的廣告片，叫《人生不是馬拉松》[1]。畫面一開始，所有人聚集在起點，隨著鳴槍同時起跑，在擁擠的跑道中，朝著同樣的終點前進。想要在這場比賽中贏得勝利，就要超越跑道上的眾多對手。然而，有人突然停下腳步，質疑這場比賽：為什麼要跑到那個終點？為什麼一定要贏過別人？為什麼一定要跑這個路線？難道不能每個人各自跑自己的路嗎？即使繞遠路、即使孤單，也是個人的選擇、由個人負責。人生，不就應該各自有各自的精采嗎？

　　這個令人熱血沸騰的廣告，在百歲人生時代具有深刻的意涵，它提醒我們 3.0 人生設計的特色：終點不只有一個、路線可以很多元、不一定都朝著直線跑、可以轉彎可以重來。

　　過去我們都以為，只要替自己的人生規劃出一個完美的計畫，就大功告成，此後可以一帆風順，從一而終，計畫不容隨便更換，萬一卡住走不下去了，就是失敗。在「單一終點」的舊思維下，多數人對於那個終點的想像也是單一的；對於「成功人生」的想像比較多是滿足他人期待，

符合別人眼中的成功。

生涯 3.0 時代，自己的人生自己設計，成功的定義取決於自己，每個人都有無限重來的機會，即便第一次沒擊出好球，也可以再來一遍。面對未來，我們需要反覆問自己：

✦ 如果終點不只有一個，那麼，你知道自己要往哪個終點跑嗎？

✦ 如果動線可以有多種變化，那麼，何時該朝直線前進，何時又該轉彎繼續呢？

許多人的人生被卡住，主要都是因為他們對於想要什麼樣的人生缺乏想像，不知道自己可以做些什麼，只能繼續做從前做過的事，但又缺乏熱情，因而被困在「單一路線」的傳統思維中。從設計思考的角度而言，設計師不會在腦海中浮現第一個點子的時候就貿然投入，他們會為想要設計的產品想出更多點子，唯有越多選擇的機會，才能做出更好的決定。迎接百歲人生時代，若想要擁有精采的人生，應該要打破刻板印象、擴大想像力，自己定義成功人生，活出多樣的人生腳本。

# [9.2] 解開「人生勝利組」單一腳本的束縛

我們都聽過「人生勝利組」一詞，這通常是基於既定的種族、性別、性取向、宗教信仰、社會地位等，所形成的一種特定群體，他們被認為在社會上占有較高的權力地位，享有更多權益、機會和資源。

然而，這種定義方式與刻板印象簡化了生涯成功的意涵。傳統的刻板印象中，對於生涯成功的定義，離不開以下幾項條件：收入要高、地位要高、職業要穩定。在某些社會或文化中，高收入和高地位的金融從業人員、醫生和律師等，也都被認為是成功的代表，因為他們符合高地位、高收入和職業穩定性的刻板印象，就是一種生涯成功的象徵。

臺灣文化中對於生涯成功的刻板印象，主要包括：高學歷、高薪水、穩定職業、國際化視野、家庭幸福等。隨著時代的變遷，這些刻板印象逐漸受到挑戰，九〇後的年輕人更注重個人成長和理想實現，傾向於追求具有挑戰性和成就感的工作，並願意接受薪水較低的工作以追求個人價值和興趣，例如：自行創業、自由接案、成為斜槓工作者等，由於找到自己真正有興趣、有熱情的事情，因此走

上非傳統路線，並且創造「自己想要的成功」這類案例越來越多。本書中介紹的案例當中，很多都是非典型故事，大家可以藉此重新反思自我檢視。

# [ **9.3** ] 心想事成：大膽想像你的人生樹

你想要的成功是什麼樣子？你希望自己的人生樹發展出什麼樣與眾不同的風貌呢？如果你非常渴望、相信自己可以、對於期望的畫面充滿熱情，你的人生樹一定會長成你所期望的樣子，這就是我們常說的「心想事成」，也就是「吸引力法則」的概念，意指我們可以透過意念和專注，吸引、體現、創造出我們所想要的人、事、物。吸引力法則早在 20 世紀初就被提出來，但直到 2006 年朗達‧拜恩（Rhonda Byrne）出版《祕密》這本書，分享成功案例與實踐，才成為近代顯學 [2]。

拜恩在 2004 年經歷人生崩潰的過程：工作精疲力竭，父親驟然離世令她深陷悲傷之中，而她和同事及親人的關係也一團糟。在遭遇個人創傷期間，她從女兒那裡收到了華萊士‧沃特爾斯在 1910 年出版的《致富的科學》一書，深受啟發，因而寫下《祕密》這本書。她找到改變人生每

個面向的祕密，提倡「要改變你的狀況，首先必須改變你的想法」，當我們思考時，會吸引宇宙中所有相同頻率的事物，讓自己擁有更多美好，得到更多自己想要的，包括：健康、經濟和人際關係。她決定向全世界分享正向想法和感受的力量，再結合感恩和想像力等日常實踐，引導每個人實現自己夢想的生活。

吸引力法則也可以融入我們打造人生樹的過程之中，例如：第 4 章提到的人生願景以及預見未來的練習，應用吸引力法則可以讓效果加倍，首先，了解自己真正想要，立下明確的「要求」，抱持「我可以，我能夠」的信念，不斷重述願望並保持熱情。其次，想像願望已經成功，「相信」成真；最後，在想像的過程中，感受願望已經成真的喜悅和快樂，透過愉快的想像吸引同頻率的事物，加速願望實現。

## [ 9.4 ] 尋找標竿人物，向榜樣學習

人生設計一方面需要覺察自己，一方面也需要學習榜樣，向先驅的思想家取經，與經典對話，提升自己對於未來生涯樣貌的全面思考。以下介紹兩位我很欣賞的「大

師」，我經常閱讀並反思他們對於「成功」與「人生」的詮釋，每每從中獲得很大的亮光與啟示。

第一位是出身愛爾蘭的韓第（Charles Handy），他是20世紀最具影響力的組織管理大師之一，稱他是「商業哲學家」更名符其實。韓第1932年出生於愛爾蘭牧師家庭，曾在牛津大學歐瑞爾學院攻讀古希臘羅馬文史。韓第人生的第一份工作，是在殼牌石油公司擔任經理人，爾後又到美國麻省理工學院的史隆管理學院進修。回到英國後，韓第與英國的商界菁英共同創辦英國第一所管理學院——倫敦商學院，並擔任該校教授，也是英國皇家工藝協會的主席。

韓第在「組織與個人的關係」和「未來工作型態」上提出許多發人深省的觀念，例如：組合式生活、酢漿草組織、S曲線、跳蚤工作者等，這些概念帶給商業界很大的影響。在個人成長與定位方面，他也有許多深具影響的著作，在《你拿什麼定義自己》一書中 [3]，他回顧自己一生中面臨的許多課題以及人生轉折的反思。父親的離世讓他放棄穩定的教職，開始人生的「第二曲線」；49歲離開組織，成為不折不扣的「跳蚤」和「組合工作者」，身兼自由作家、廣播節目主持人、教授、演說家、企管顧問等多職，具體實踐自己所提倡的「組合式生活」（portfolio life），也就是我們現在所謂的「斜槓人生」。

## 你重視什麼？什麼是你覺得「非做不可」的事情？

韓第不只是管理顧問，更是生涯思想家與生涯導師，他不斷提醒我們認真思考自己珍視的價值是什麼。他在88歲寫下《你是誰，比你做什麼更重要》一書[4]，在這本寫給他的孫兒以及未來世代讀者的書中，韓第還是持續關注以下幾件事：我是誰？我想完成什麼？我想活出怎麼樣的人生？對我來說，重要的是什麼？韓第主張每個人都要自己創造意義，去尋找那些讓自己覺得「非做不可」的事情，然後盡己所能地發揮所長。如果真的想不到有什麼事情是非做不可的，也可以從觀察他人開始，看看別人如何在生活和工作中找到意義、創造意義，由此尋找靈感與啟發。

## 設定「一個人的馬拉松」目標

韓第的「組合式」觀念，提醒人們要有所取捨，將自己認為重要的事情，不斷地精簡提煉，然後組合成獨一無二的人生。他也建議我們同時要在工作、興趣及進修之間尋找關聯，在第一條曲線上發展第二條曲線。

韓第提醒我們不要將一切視為理所當然，要勇於提出質疑，在人生的道路上，懷著好奇心去遊歷，展開由自己

決定路線、設定目標的「一個人的馬拉松」。他認為，即使無法想清楚自己的具體目標，至少應思考如何能為這個世界帶來多一分美好，只要因為你的存在，曾讓某個生命活得更歡喜自在，那就是成功。

　　韓第提到的「一個人的馬拉松」正好可以呼應本章一開始提到的馬拉松影片。的確，漫漫百年人生，每個人都可以規劃一條自己喜愛的人生之路，按著自己的步伐前進，活出自己想要的模樣。

## 培養成功人生的七個習慣

　　探討成功人生，絕對不能略過《與成功有約 —— 高效能人士的七個習慣》，這本書被譽為是自我成長和領導力領域的經典之作，已經被譯成多種語言、並在全球銷售超過 4 千萬冊。作者史蒂芬・柯維（Stephen Covey）是著名的美國作家、演說家和教育家，曾擔任過教職以及政府與企業顧問。他的理念和方法不僅對個人生涯和領導力有重要啟發，也對組織管理和社會發展有深遠的影響。他在《與成功有約》一書中，提出一個「以人格為核心」的成功模式，認為生涯成功不只是追求財富、權力或聲望，而是一種基於內在價值觀和人格特質的全面發展。他提出高效能人士追求成功必須要有的七個習慣，包括：積極主動、

以終為始、要事第一、雙贏思維、知彼解己、綜合綜效和不斷更新 [5]，這七個習慣是成功人生的基礎，也是人生樹歷經炎熱酷暑仍然青翠，乾旱之年可以結果不止的原因。

## 每個人生階段都穿對鞋子

從以上兩位大師的見解，我們可以總結：一個人對於自己的成就、對於他人的影響，都感到充實和滿足，就是成功。成功的人生是由自我的主觀感受組合而成，因此有無數種可能，不是過去大家習以為常的「高學歷、高事業、高財富」的「人生勝利組」，而是能真實活出自己、也能為他人帶來幫助的「人生幸福組」。真正的成功人生應該是充滿意義與幸福感的，而其中的關鍵就是「鞋子穿對了」——鞋子穿了是否舒適，只有自己知道；此外，在人生的不同階段，也需要穿不同的鞋子，才能舒適而行動自如。因此，成功人生的最高境界，就是確保自己在不同的人生階段都「穿對鞋子」。

# [9.5] 創造想要的人生，設計「我」的多重宇宙

在這一章中，我們釐清了成功人生由自己所定義，也鼓勵大家想像自己的人生「想要改變什麼、創造什麼、成為什麼」，聚焦真正渴望的畫面，全力以赴。迎向 3.0 生涯與百歲人生的時代，人生充滿無限可能，只要你有想像力、也真心想要，就能活出屬於自己的精采。

## 人生沒有「唯一正確」的路，大膽想像三種版本

史丹佛大學兩位人生設計教授指出，人生不是可量化的數字畫，比較像是抽象畫，充滿著無數種解釋。兩位教授建議我們不要嘗試選擇「唯一正確」的道路，前途就會無限寬廣。他們提出一個「奧德賽人生計畫」的練習，就是為自己的未來設想三種不同的計畫，每一個都是 A 計畫，都是自己真心想要；每一個計畫都是為自己量身打造，而且真的具體可行。

為什麼叫做奧德賽計畫呢？《奧德賽》是一個古希臘的史詩故事，敘述智勇兼備的英雄奧德修斯在長期戰爭後，歷盡千辛萬苦終歸家園的冒險故事，這個故事蘊含許多關於人生的啟示，如：奧德修斯有著堅定的意志力，即便在

回家途中遇到可怕的挑戰和困難，他總是堅持信念，從未放棄。在冒險的過程中，他運用智慧和策略，解決難題和危機，也遇見幫助他的人，懷抱希望和目標，最終回到久違的家鄉，重建家園。

這個故事也告訴我們，人生旅途也會經歷狂風暴雨及險惡環境，遇見好人與壞人；但是，只要設定極度想要達成的目標，運用智慧毅力，努力不懈，必能獲得幫助，達到想要的境界。雖然在前進過程中，他也犯了不少錯誤，做出失誤的判斷，不過他能從這些錯誤中學習，提升自己。奧德修斯的妻子佩內羅普和兒子泰勒馬科斯，在他消失十年漫長不確定的等候中，仍然遵循內在聲音，懷抱希望，沒有妥協，這是成功人生的必經歷程。

我們的生涯也如同奧德修斯經歷的一般，是一場長征之旅，我們懷抱希望與目標，踏上冒險之旅。旅途中，身邊可能有助手、好人、壞人；也可能面對許多未知數以及意想不到的緣分，只要堅持目標，無懼環境的挑戰，持續往前行，最終能心想事成。

## 相約「奧德賽咖啡館」

每次我跟學生介紹奧德賽計畫時，大家總是感到非常興奮，感覺這個史詩級的名稱與故事背景，聽起來氣勢磅

礎，很能激勵自己放膽作夢。只是，在計畫初期的設計階段時，學生們多會感到困惑，因為過去沒有人生夢想，大多只有眼前目標，缺乏夢想藍圖。在練習「奧德賽計畫」之後，同學們發現這是個很特別的經驗，在過程中會對自己有不同的觀察與發現。還有一次，我為同學們舉辦「奧德賽咖啡館」，邀請不同世代的同學們來分享彼此的奧德賽計畫，互相交流並且給予回饋與資源連結，這個練習讓同學們覺得很有收穫，也有人因此發現彼此間原來有許多資源可以結合串連，還相約組織了人生設計社群呢。

### ☺ **擴大想像力練習**

我們以史丹佛兩位人生設計教授提出的概念為基礎，融入近十年來課堂練習與學員回饋，彙整奧德賽計畫練習的三步驟如下。在撰寫時，可參考下表格式、或自行設計自己喜愛的版本，只要能呈現三步驟相關內容即可。

**第一步：大膽發想**

1.前瞻 5 年計畫：

請為接下來 5 年，想出 3 個不同的計畫，多數人的人生都是由一系列 2 到 4 年的人生所串起來的（例

如，高中 3 年、大學 4 年、研究所 2 年⋯⋯），所以以 5 年為單位來思考是合理的長度。

2. 思考三種版本的人生：

(1)版本一：這是你已經有的點子，是你目前正在做的事，可能是既有生活的延伸，或是你已經渴望一段時間，很有吸引力的點子。

(2)版本二：如果人生有了變數，可能的轉型方向是什麼？這是指萬一事情發生變化（你正在做的事情突然被終止了；你想要做的點子過時或行不通了），那你會想做什麼？

(3)版本三：如果錢不是問題，面子不是問題，你會做的事情是什麼？你想要過的人生是什麼樣？

請記住：以上三種版本都是你心之所向，都是 A 計畫。

## 第二步：細部規劃

為三版本人生各取一個名字：

1. 畫出一條時間軸。

2. 替每一個計畫都取個名字，英文最多 6 個字母，中文不要超過 10 個字；名字要能呈現那個版本的主要精神。

3. 針對每一個計畫，寫下每年的目標、行動；也可以

貼上想像成真的畫面圖、信心宣告等。

## 第三步：具體評估

應用以下幾個指標來評估三個版本的人生：

1. 資源程度：我是否有客觀資源，如：時間、金錢、技能及人脈？

2. 喜歡程度：我是否等不及要執行這個計畫？或者只是普普通通、還是感覺興趣缺缺？

3. 自信程度：對於這個計畫，我是信心滿滿，或是不確定能不能執行？

4. 一致性程度：這一個計畫和我的工作觀跟人生觀協調嗎？請注意每一個計畫讓自己興奮起來的程度。

5. 可能需要的考量：例如：實踐計畫的地點在哪裡？我會學到什麼經驗？選擇這個人生會給我帶來的影響或結果是什麼？這個計畫的人生，會是什麼樣子呢？我會扮演什麼角色？

6. 其他：不是金錢或事業以外的事，也可以納入考慮。

## 為大腦拉筋，助你覺察心之所向

奧德賽計畫的練習很像是一種「為大腦拉筋」的過程，最好能保留完整的時間與獨立的空間來練習，讓自己可以

安靜探詢內心聲音與發現心之所向。練習前請先回顧前面各章的練習題與自己寫下的答案，那些線索就是奧德賽人生的設計基礎。此時，你可以再次確認那些答案是不是真正的內心渴望；接著，把所有練習綜合整理之後，就可以進一步構思你的奧德賽三版本人生藍圖了。

　　以下表格融合了史丹佛人生設計教授的設計理念以及方案規劃評鑑的概念，並經過數百位學員使用回饋修改而成，大家可以參考此版本來撰寫自己的奧德賽計畫，但這並非標準格式、也沒有固定答案，一切都交由人生的最高負責人——就是你自己來做決定。

## ☺ 奧德賽計畫練習參考表格

姓名：_____【奧德賽一】（名稱）_____

（你目前在做的事，目前人生的延伸或你已經有的點子）

0（第一年）1（第二年）2（第三年）3（第四年）4（第五年）5

| | | | | |
|---|---|---|---|---|

0　　　　1　　　　2　　　　3　　　　4　　　　5

這個計畫必須解決的問題：

_____

### 計畫檢核指標

請將你自評的分數用不同顏色或不同底色標示出來！

| 資源 | 10 | 20 | 30 | 40 | 50 | 60 | 70 | 80 | 90 | 100 |
|---|---|---|---|---|---|---|---|---|---|---|
| 喜歡程度 | 10 | 20 | 30 | 40 | 50 | 60 | 70 | 80 | 90 | 100 |
| 自信程度 | 10 | 20 | 30 | 40 | 50 | 60 | 70 | 80 | 90 | 100 |
| 一致性 | 10 | 20 | 30 | 40 | 50 | 60 | 70 | 80 | 90 | 100 |
| 其他（註） | 10 | 20 | 30 | 40 | 50 | 60 | 70 | 80 | 90 | 100 |

註：可能的其他考量包括_____

1. 資源：是否有客觀資源，包含時間、金錢、技能及人脈各方面資源？

2. 喜歡程度？等不及要執行？興趣缺缺或普普通通沒感覺？

3. 自信程度：信心滿滿或不確定能不能執行？

4. 一致性：這個計畫和我的工作觀跟人生觀協調嗎？（要注意每個計畫讓自己興奮的程度）

5. 可能需要的考量：地點？會學到什麼經驗？選擇這個人生會帶來的影響或結果？人生會是什麼樣子？你會扮演什麼角色？以及其他需特別注意的考量事項？

姓名：_____【奧德賽二】（名稱）_____

（萬一現況發生變化，你會想做的事。萬一你原本在做、想做的事不能繼續下去，那你會想做什麼？）

0（第一年）1（第二年）2（第三年）3（第四年）4（第五年）5

| | | | | |
|---|---|---|---|---|
| 0 | 1 | 2 | 3 | 4 | 5 |

這個計畫必須解決的問題：

_____

## 計畫檢核指標

請將你自評的分數用不同顏色或不同底色標示出來！

| 資源 | 10 | 20 | 30 | 40 | 50 | 60 | 70 | 80 | 90 | 100 |
|---|---|---|---|---|---|---|---|---|---|---|
| 喜歡程度 | 10 | 20 | 30 | 40 | 50 | 60 | 70 | 80 | 90 | 100 |
| 自信程度 | 10 | 20 | 30 | 40 | 50 | 60 | 70 | 80 | 90 | 100 |
| 一致性 | 10 | 20 | 30 | 40 | 50 | 60 | 70 | 80 | 90 | 100 |
| 其他（註） | 10 | 20 | 30 | 40 | 50 | 60 | 70 | 80 | 90 | 100 |

註：可能的其他考量包括_____

1. 資源：是否有客觀資源，包含時間、金錢、技能及人脈各方面資源？
2. 喜歡程度？等不及要執行？興趣缺缺或普普通通沒感覺？
3. 自信程度：信心滿滿或不確定能不能執行？
4. 一致性：這個計畫和我的工作觀跟人生觀協調嗎？（要注意每個計畫讓自己興奮的程度）
5. 可能需要的考量：地點？會學到什麼經驗？選擇這個人生會帶來的影響或結果？人生會是什麼樣子？你會扮演什麼角色？以及其他需特別注意的考量事項

姓名：＿＿＿＿＿＿【奧德賽三】（名稱）＿＿＿＿＿

（如果錢不是問題，面子也不是問題，你會做的事是什麼？你想活的人生是什麼樣子？）

0（第一年）1（第二年）2（第三年）3（第四年）4（第五年）5

| | | | | |
|---|---|---|---|---|
| 0 | 1 | 2 | 3 | 4 | 5 |

這個計畫必須解決的問題：

＿＿＿＿＿＿＿＿＿＿＿＿＿＿＿＿＿＿＿＿＿＿＿＿＿

## 計畫檢核指標

請將你自評的分數用不同顏色或不同底色標示出來！

| 資源 | 10 | 20 | 30 | 40 | 50 | 60 | 70 | 80 | 90 | 100 |
|---|---|---|---|---|---|---|---|---|---|---|
| 喜歡程度 | 10 | 20 | 30 | 40 | 50 | 60 | 70 | 80 | 90 | 100 |
| 自信程度 | 10 | 20 | 30 | 40 | 50 | 60 | 70 | 80 | 90 | 100 |
| 一致性 | 10 | 20 | 30 | 40 | 50 | 60 | 70 | 80 | 90 | 100 |
| 其他（註） | 10 | 20 | 30 | 40 | 50 | 60 | 70 | 80 | 90 | 100 |

註：可能的其他考量包括＿＿＿＿＿＿＿＿＿＿＿＿＿＿

1. 資源：是否有客觀資源，包含時間、金錢、技能及人脈各方面資源？
2. 喜歡程度？等不及要執行？興趣缺缺或普普通通沒感覺？
3. 自信程度：信心滿滿或不確定能不能執行？
4. 一致性：這個計畫和我的工作觀跟人生觀協調嗎？（要注意每個計畫讓自己興奮的程度）
5. 可能需要的考量：地點？會學到什麼經驗？選擇這個人生會帶來的影響或結果？人生會是什麼樣子？你會扮演什麼角色？以及其他需特別注意的考量事項？

## 百歲人生盡在你的設計中

迎向百歲人生，每個人都可以定義自己的成功、規劃自己的人生路線，也有無窮的機會可以實現理想的人生。如同美國詩人奧利佛（Mary Oliver）的詩：「告訴我，你打算拿這瘋狂而珍貴的人生怎麼辦？」多種人生版本任由你自己定義設計，只要足夠渴望，夢想就必成真。

😊 **人生設計練習題**

✦ 設計你的奧德賽三個人生版本，完成設計後，和夥
　伴分享，大聲說出來，並互相給予回饋。

第 9 章練習表單
學長姊的人生設計練習案例

　　成功的人生不是先知道做什麼再行動，而是剛好相
反。只有在行動、實驗、質疑與再行動中，才能發現自己
是塊什麼料。

MEMO

*Exciting Life Design*

# 好好照顧你的人生樹

只要你願意堅持多年，起初看似微不足道的改變，
終將像複利計算一樣利滾利，滾出非比尋常的結果。
——《原子習慣》作者　詹姆斯・克利爾

　　生涯是一個不斷變化的過程，我們需要保持人生計畫的靈活性，適時調整。完成人生樹的設計可說是完成了生涯藍圖，算是一種「啟動」；接下來要透過「行動」，持續照顧，定期澆水、修剪、施肥，才能成長茁壯成你想要的模樣。那麼，如何在忙碌的日常生活中，有意識地照顧自己的人生樹呢？我們認為最重要的關鍵就是「好習慣」與「好夥伴」。

# 10.1 打造習慣飛輪，讓「要事」動起來

　　人生設計被認為是重要但不緊急的事，因此，要讓夢想成真，更需要有好的習慣，讓藍圖從「啟動」到「行動」順利展開；進而成為「自動」運轉的飛輪。不過，為了目標改變自己、為了目標學習建立好習慣，可能是一段痛苦的歷程。

## 讓「要事」被重視，始於多麼「痛」的領悟

　　30 多歲的君君是個幹練的上班族，經常往返兩岸出差，深受主管與客戶信任。有一次她來上我們的人生設計課，對於課堂上所提到的人生要事與好習慣深有所感，課

後特別分享了以下這段故事（以下用第一人稱敘述）：

　　多年前，一場「多麼痛的領悟」，讓我徹底實現了一件要事（戒掉一個壞習慣）。那是在北京出差的最後一天，我正打包行李準備前往機場。突然一個「天雷勾動地火」，腰部像是被閃電打到一樣，稍微移動就痛到最高點！

　　眼看著班機時間快到了，我只能硬著頭皮，「端」著木頭人姿勢，一步一步移動到飯店門口，坐上計程車。到了機場，不知是我的痛苦太明顯還是首都機場的服務太好，地勤人員主動為我提供了輪椅服務。就這樣，我和友人一路使用特權快速通關，同時也在輪椅上接收無數同情的眼光。我被空服員推進機艙，被輕輕「挪」到機位上，抵達臺灣後再被挪下機位，坐上輪椅出關。回臺後復健了好幾個月，才完全恢復正常。

　　經過一番痛徹骨，我終於把醫師經常提醒我要「注意姿勢」的建議聽進去了，這次事件讓我徹底改變坐姿：從此不再翹二郎腿；坐椅子一定選有靠背的，而且一定要坐正、坐滿。因為那段痛徹心扉的歷程實在太恐怖，讓我不得不刻意斷除各種不良坐姿。我也不禁在想：痛到這樣才改變一個「姿勢」，那麼其他更重大的要事，需要比這個痛上多少倍的領悟，才有可能改變呢？

聽著君君娓娓道來這段經歷，栩栩如生，讓我久久不能忘懷，不禁感慨，人生中存在許多這類「不緊急的要事」，常常被我們忽略，或是被「以後有空再說」的心態所耽延。我們往往習慣把這些要事排到行程的最後，而這些要事有可能在人生清單中脫隊，久而久之就不見蹤影。

君君的故事讓本書另一位作者宜萱靈感泉湧，寫下這首小詩：

「要事」脫了隊，

穿越時空飛進未來，

換了裝、改了名，

潛入老人們的嘴裡：

……要是早一點開始存錢就好了……

……要是當年多陪陪孩子就好了……

……要是當初選擇自己喜歡的工作就好了……

……要是一開始就選擇他該有多好……

……要是時光倒流，我一定不會那麼衝動了……


此刻不重視的「要事」，

隨著時間流逝，

變成日後一句句充滿遺憾的「要是」……

那麼，

你要選擇此刻的「要事」，準備行動，

還是讓它成為未來的「要是」，悔不當初？

## 提高行動意願，讓「要事」不會變「憾事」

為了不讓「要事」變成「憾事」，我們可能需要一點協助。《與成功有約》作者柯維將「要事第一」列為七個追求成功必要的好習慣之一[1]，他提到，習慣的養成，需要知識、技巧、意願三方面的配合。若想針對「不緊急的要事」養成習慣，關鍵在於個人意願，也就是「要不要」、不是「能不能」，如同君君從切身危機產生了改變與行動的「意願」。其實，我們不需要親身經歷那種痛苦經驗，也能提升行動意願。以下提供幾個方法給大家參考：

一、問自己「為什麼」，確定做這件事對自己的意義與價值。

注意觀察自己，偵測出潛藏的想法和感覺，以及這些想法和感覺從何而來、如何影響自己的行為。建議你可以回顧好時光日誌的練習，發現內在的心流狀態；也可以查閱價值觀、人生觀的練習，確認這件事對你的意義與價值。

二、把大塊的目標切割成微小的行動目標，讓它「不可能做不到」。

微行動是一個行為心理學的概念，它是指一開始以微小的行動出發，一點一滴堅定持續地進行，造成後來巨大改變的行為。微行動的時間可能短到只有幾分鐘，由於只需要短時間就可以達成，因此很難找到合理的藉口不去執行；也因為行動很簡單、更容易被接受，可以達成提升行動意願的目的。微行動不僅可以幫助我們建立起良好的習慣，還可以提高自我效能和動機。透過逐步完成小小的任務，累積更多成功的經驗，慢慢建立自信心，逐漸推動長期目標的達成。關於微行動、小習慣的相關資訊，可以參考史丹佛大學行為設計實驗室創辦人福格博士（BJ Fogg）的相關研究 [2]。

## 雙管齊下，輕鬆轉動習慣飛輪

當你有「意願」並確信這是你真正重視的事，之後就可以透過專業協助與科學方法，獲得實際行動所需的「知識」與「技巧」。我想起另外一位學生小美，她曾在人生設計課堂上分享在中年養成運動習慣的經驗，因此我們邀請她一起來喝下午茶，仔細聊聊這段歷程。原來，她是加入了住家附近一家女性專屬的 30 分鐘運動中心，而這家運動中心之所以能協助小美養成運動習慣，主要運用了「減少阻力」及「提高助力」兩方面的策略：

## 一、減少阻力（摩擦力）

小美表示這一點對她個人來說非常關鍵。過去在參與健身中心的活動時，通常會需要花時間在往返交通上，或者必須隨身攜帶大包小包的換洗衣服。有時只要晚一點下班、天氣不好、或是晚上還有其他事情要處理，就很容易取消原訂的運動計畫。

後來她選擇了這家運動中心，上述問題通通消失了：第一是地點離家近（穿過社區中庭就到了，連馬路都不用過）；第二則是運動時間短，12 點走進去，不到 1 點鐘就結束離開，完全不會影響到原本的生活作息，在時間與空間上，她都不需要調整或改變，摩擦力下降，自然更容易持續了！

## 二、提高助力與推力

摩擦力下降之後，只要加上一點的助力與推力，就可以順利啟動了。小美提到這家運動中心有一些遊戲化的作法很不錯，例如運動器材挑戰賽（一邊挑戰運動器材一邊掌握器材正確的使用方法）、累積運動次數兌換「百 T」[3]、每月都有不同的抽獎活動來獎勵會員持續運動……同時，教練也會在過程中不斷宣導正確的運動習慣、營養攝取和生活方式等資訊，協助會員調整姿勢；每個月還會固定進行體能檢測、安排教練面談，協助會員掌握運動狀況和整

體身體表現。這些兼具理性與感性、心理與科學、融合五感的各種細節設計，的確有效地幫助小美養成規律的運動習慣！她驕傲地說，自己已經連續 7 年維持每週運動 3 次的習慣，而且運動總計次數已經超過 1,000 次以上了。

# 10.2 建立微習慣，重新設計生活

「如何成功養成好習慣」是最近幾年熱門的學習主題，坊間傳授如何培養良好習慣的書籍琳瑯滿目，例如：小習慣、微習慣、原子習慣、彈性習慣……透過各種心理科學研究協助我們更「無痛」地養成好習慣。歸納起來，想要養成習慣，可以從以下幾個原則開始：

## 一、設計能觸發行動的機制

想辦法把微行動與現有的觸發機制結合，就是在固定的時間、地點與想要的行為結合，例如：將每天做伸展運動的微小行動，與起床後第一件事情相結合。《原子習慣》這本書 [4] 提到的第一個原則就是「讓提示顯而易見」，每一個習慣都是由於不斷被提示而養成，習慣也是因為被提示而啟動。平常的生活跟工作環境很容易讓我們沒有什麼作為，那是因為環境中沒有明顯的提示能觸發那個想要的

行為發生。如果想要讓某個習慣成為生活的一部分，可以透過「提示」的設計，讓它變成生活環境中的一部分。

## 二、培養規律的頻率節奏

我們也可以借助番茄鐘工作法來培養生活節奏。番茄鐘工作法是將工作時間分為 25 分鐘的工作區間和 5 分鐘的休息時間。這種方法可以幫助我們在工作期間專注於工作任務、在休息時間迅速恢復精力，透過規律的節奏來維持高效能的工作狀態。

## 三、降低會影響行動的各種干擾

《原子習慣》一書提到，養成習慣時必須「讓行動輕而易舉」，就是要設法降低摩擦力與各種干擾，如同前面小美到住家附近的運動中心一樣，因為地點近、時間短，大大降低了行動的摩擦力。以我自己為例，為了養成每日健走的習慣，我會在車上和辦公室各擺一雙運動鞋，時間到了，馬上可以換上鞋子外出快走，避免因為沒有合適的鞋子就不去運動。另一方面，如果你很容易受到外界干擾，就要評估哪些東西會干擾你的行動，想辦法消除那些造成干擾的源頭，例如：將手機放在抽屜、工作期間關閉上網設置，移除干擾物，可以集中精力、專注工作。

## 四、創造愉快的習慣養成過程

我們可以為習慣的養成設計出一個愉快的過程，例如：

把「想要做的事」跟「必須做的事」綁在一起，也就是《原子習慣》書中提到的「讓行為（習慣）有吸引力」。此外，在完成每個小目標時，可以給自己一點獎勵，例如：完成每週的運動目標後，可以看一部影集或給自己放半天假等。

## 五、建立理性與感性的支持

在養成習慣的過程中，若有朋友、家人、同事或專業人士的支持，效果會更好。他們可以陪伴你一起行動，或是提供你鼓勵、建議和相關資訊，這些支持對於實現微行動目標都有幫助。

以上舉例說明培養習慣的一些原則，這些原則有的是從「增加助力或推力」開始，有些是以「降低抗力」為主，大家可以嘗試各種方法，找到對你最有效的組合，讓「做正確的事」變得容易，輕鬆融入日常生活中，有效幫助自己落實人生要事。

## ☺ 建立微習慣的練習

　　請參考自己的板塊設計，為每一個板塊具體研擬出你想要達成的小目標，以及對應每個小目標的小行動，試著執行一個月，並且評估效果。

打造微習慣練習
（以下格式僅供參考，請自行設計適用的表格）

| | 具體小目標 | 為什麼要訂這個目標 | 化為更小的微行動 | 可以加點什麼助力／推力 | 可以如何減少阻力 | 達成後怎麼獎勵自己 |
|---|---|---|---|---|---|---|
| 健康板塊舉例 | 肌力練習 | 避免衰弱 | 每週一次、每次10分鐘訓練 | 1.機器擺在客廳 2.向偶像看齊（偶像鍛鍊照片放在眼前） | 1.找教練來指導 2.揪夥伴一起上課 | 課後與夥伴一起用餐交流 |
| 健康板塊 | | | | | | |
| 工作板塊 | | | | | | |
| 連結板塊 | | | | | | |

# [10.3] 找到自己的人生設計應援團

　　人生設計是不緊急但重要的事，必須真的有意願，願意撥出時間、用對的方法來行動。過程中最好能有團隊夥伴一起前進，彼此分享支持。正如作家馬丁・魯特（Martin Rutte）所說的：「你得靠自己做，但又不能自己一個人做。」[5] 這一句話很貼切地反映了人生設計的精神。人生設計夥伴可以協助我們釐清思緒、找到更好的解決方案、發想更有效的行動方法、提供情感上的鼓勵與支持，讓我們得以實踐夢想，成就心之所向的人生，就像是「應援團」一樣。那麼，要如何找到自己的應援團呢？你可以募集夥伴組成團隊、或者參與社群，以下分別說明。

## 募集人生設計團隊

　　《偷天換日》是一部很有意思的鬥智電影，全劇充滿義大利山水美景，還有 Mini 小車在洛杉磯大街小巷內穿梭自如的刺激場景，非常有節奏感。我最感興趣的是執行這個「義大利專案」的團隊（這部電影的英文名稱就叫做 *The Italian Job*），具備領導風範的主角查理分析這個專案所需的資訊後，召集了擁有開鎖、爆破專長的夥伴加入，

朝著共同的目標展開行動，誓言要把被黑吃黑的黃金再巧妙奪回來。在行動過程中，成員們時而對技術缺乏信心，時而對行動時機感覺疑惑，甚至還懷疑自己的能力。查理在過程中會適時給予方向上的指引、工具資源上的補充，激勵團隊成員克服心理障礙，專注為既定目標貢獻一己之長。

在人生設計過程中，我們也同樣需要這樣的神隊友組合。那麼，哪些人適合納入神隊友呢？我們需要的是能夠認同人生設計這件事的重要、願意提供協助的成員。理想的團隊成員最好具有創造力和靈活性，能提供創新想法、解決方案或相關資源，以應對不同的挑戰和情況。此外，團隊成員最好有積極的態度和動力，具備正向思考特質。《做自己的生命設計師》兩位作者建議，人生設計團隊人數最好是 3 至 5 人，包括以下不同的角色 [6]：

✦ 支持者：可以求助的人，你知道他們關心你的生活，會在你身邊鼓勵你走下去（但他們不一定是跟你一起出去玩的朋友）。

✦ 親友圈：就是你最親密的家庭成員及好友，他們的影響力最大，因此最好能在一開始就先讓他們知道，你期待他們扮演什麼樣的角色、提供什麼樣的支持。

✦ 參與者：對你生命設計各板塊有較大影響的人，例如：

同事、合作夥伴等。

✦ 小組：願意分享生命設計計畫細節的一群人，他們可能是與你一起討論奧德賽計畫並給予回饋的人，就像我們在上這一門課程時設計的「奧德賽咖啡館」，讓小組成員彼此分享、互相支援與創造連結。

你的周遭有哪些人可以跟你成為團隊？如果可以，就邀請他們加入，保持彼此間的對話交流，讓這些交流持續在你的人生設計過程中發揮作用。

此外，在展開人生設計旅程時，如果能有「導師」或「行動教練」，更有加分作用，他們是非常必要的資源。導師不只可以提供生涯選擇及轉型技能的寶貴建議，也能提供心理和情感上的支持，陪伴你、幫助你建立信心、自尊和持續的動力，有助於提高表現，發揮潛力。

幾年前，我的學生阿嘉在聽完人生設計課之後深有所感，便籌劃了一個人生設計行動小組，找來自己的哥哥、同事和球友各一人，每季固定聚會，討論在工作、連結與健康板塊的行動進度；他也會每半年約我們喝喝充電下午茶，聊聊自己的進度以及困惑，請我們提供一些經驗與建議。阿嘉說，跟自己人生有關的親友組成團隊，一起討論人生各板塊的努力方向與行動，讓他有安全感，感覺自己

像是有一個專屬的智囊團，支持他勇敢地踏出每一步，積極朝理想的生活前進。夥伴們看到他的改變，也體會到團隊的力量，都願意積極參與，而且也開始組織自己的人生設計團隊呢。

## 加入人生設計優質社群

　　社群，就是可以定期回饋、展開生命對話的實體或虛擬場域。活躍的社群通常會有共同的目標、相近的價值觀，可以透過某種形式舉辦定期聚會。一個優質的人生設計社群，除了具備上述特色外，還需要聚集心態相近的成員，大家願意在某種程度上透露自己目前的人生狀態，敞開心胸分享。換句話說，社群聚集在一起，不光是談論人生設計觀念，而是能夠真誠地反思，每個人都願意分享和交流自己的人生經驗。

　　如何加入人生設計社群呢？以下方法幫助你循序漸進展開行動：

✦ 第一步：蒐集有關人生設計社群的資訊，選擇你比較感興趣的主題社群加入，觀察成員的互動狀況以及主持人的能力，感受社群運作狀態是否正確、正向、正派[7]。

✦ 第二步：如果通過第一步的考驗，就可以開始參與社群活動，同時繼續觀察、適度互動，感受一下你是否能得

到想要的幫助。

+ 第三步：如果以上都符合你的期待，那麼就可以加強自己在社群的活躍度，例如：針對其他成員的問題提供建議、資源或回饋；同時也可以持續提問交流，得到自己需要的成長。

+ 第四步：如果想要更進一步針對某個主題討論，也可以尋找合適的夥伴，自主成立主題社群來推動人生設計的行動與學習。例如：籌組讀書會討論相關書籍，藉此招募願意一起踏上人生設計旅程的人。

　　我曾受邀到一家中小型企業講授人生設計主題，學員們聽完課後非常認同，在課後自主成立了內部社團，取名為「人生 A 計畫行動社」。他們定期舉辦講座，邀請在工作、健康、連結板塊有經驗的過來人分享經歷與心得；同時也邀請我每半年舉辦新課程，除了回訓舊學員，讓他們溫故知新外，也持續招募更多公司成員加入學習，一起展開未來人生設計行動。平時成員們也會在群組中分享人生設計主題的好文章或影片，主動發表自己在人生設計板塊上的進度，彼此鼓勵督促。看到他們在人生設計上的行動力以及改變，令人非常開心，證明善用社群力量，可以有效推動理想人生之旅，不只能更快出發、也能走得更遠。

在本書出版的同時，我們也規劃成立人生設計社群，初期會先以中高齡職涯轉型為第一批的目標社群，也就是以 45 到 65 歲的「新中年」為對象，搭建一個學習和交流的平台，應用網路問答、資源共享、讀書會引導人培訓、導師輔導等方式，幫助社群成員進行新中年的人生設計與行動實驗，探討的主題包括：面對百歲人生的新中年對策、第二人生設計、組合式退休生活設計、中年能量管理等，藉此提高大家面對未來的信心，強化競爭力與生存力。

### ☺ 建立社群練習：組織你的人生應援團

一、在你的生活中，有哪些人可能會成為你的人生設計「應援團」？請寫出名字：

《我的人生設計應援團》

1. 可以扮演支持者角色的可能人選：

2. 可以扮演參與者角色的可能人選：

3. 可以扮演親友團啦啦隊角色的可能人選：

4. 可以成為小組成員的可能人選：

5. 可以扮演導師角色的可能人選：（可以提供諮詢、帶來啟發與激勵的人）

二、搜尋現有適合的生涯學習社群（網路或實體皆可）

1. 選擇你想要持續觀察的社群（把名稱、主題、進行方式記錄下來）
2. 觀察該社群互動狀況並做記錄
3. 評估選擇適合自己需求的社群，主動參與（例如：留言、參與活動、提供協助）
4. 思考可以如何在社群中提供也創造更多利己利他的活動

三、學習針對某個主題來籌組社群（可初步規劃出社群主題、對象、運作方式等）

第 10 章練習表單
學長姊的人生設計練習案例

商場中，很多人玩零和賽局，只有少數人懂得玩正和賽局。他們在人群中尋找彼此，你所尋找的，也在尋找你。英雄總是在尋找其他英雄。

# 心動人生下一步

當你找到對的事可以追求，

找到對的人可以合作時，要專心投入其中，

堅持十年、二十年，就會大豐收。

——納瓦爾・拉維肯

　　如果你從第 1 章依序閱讀到這一章，恭喜你，你已經跟著我們完成一趟人生設計之旅！這本書是寫給邁向百歲人生時代的你與我，不管是 18 歲的丁丁、38 歲的大明、58 歲的珍珍，都能從這一本書中，得到實際有用的工具與持續行動的力量。

　　人生設計的下一步是什麼呢？有個講師曾經分享過這一個笑話：

　　我花了 5 天的時間教授新手主管該做哪些事情，一個主題一個主題鉅細靡遺地說明，從星期一的早會到星期五的夕會要怎麼開、重點是什麼，通通講完了。然後，課程結束時，馬上就有同學來問我：「謝謝老師！我這 5 天收穫滿滿！有個問題想請教老師，請問明天我進職場的第一件事要做什麼啊？」我苦笑著無言以對，心裡的 OS 是：「啊不就是我剛剛講完的 5 天課程裡告訴你的，那一件一件事情嗎？」

　　是啊，老師已經講完了，但是同學有沒有完全吸收，有沒有把老師所講的變成自己的東西、並且化為行動呢？那就是「師父領進門，修行在個人」了。

　　回顧本書的內容，我們把這幾年在人生設計課程上的心法與工具，以「人生樹」的系統方式呈現，每一章都有

理論、有案例、有方法。在本書末了，我們特別再「設計」以下幾種情境，幫助你開始啟動自我導向行動飛輪，無論如何都要跨出這一步！

## 最適合你的一步

讓我們再借用第 1 章的三位主角來舉例：如果你像丁丁一樣，不知道自己想要什麼，對未來職涯感到茫然……請優先閱讀第 3 章「追隨樂趣」、第 7 章「工作板塊設計」、第 9 章「想像人生樹」、第 5 章「自我導向學習」。請先閱讀這些章節、並做練習與實踐。

如果你像大明一樣，背負著家庭、工作等多方面的壓力，體力能量超支……請優先閱讀第 7 章「工作板塊設計」、第 6 章「健康板塊設計」、第 10 章「照顧人生樹」、第 5 章「自我導向學習」。同樣的，在閱讀時請務必同時動筆做那幾章的練習，才會有實質的效果。

如果你像珍珍一樣，對人生下半場充滿疑惑也沒有自信……請優先閱讀第 2 章「人生設計根基：價值觀、人生觀、工作觀」、第 3 章「追隨樂趣」、第 8 章「連結板塊設計」、第 7 章「工作板塊設計」。請你一邊閱讀一邊動手作練習，如果有同伴一起分享，那就更棒了。

## 最即時的一步

設計思維都是從「問題」開始的,所以,你可以先評估此時此刻的自己在人生哪個面向上比較需要關注,是健康?工作?還是人際關係?就從那一個板塊的內容開始看起(第 6 章健康板塊設計、第 7 章工作板塊設計、第 8 章連結板塊設計),同時可以搭配第 10 章打造習慣飛輪、尋找夥伴,幫助你針對問題即時對症下藥。

## 最重要的一步

歡迎你從頭開始逐章閱讀,邊讀邊做練習,並與夥伴分享。事實上,越是前面的章節,越是人生設計的關鍵、也是根基。例如:第 2 章與第 3 章的人生樹「樹根」,以及第 4 章與第 5 章的人生樹「樹幹」,這些都需要你花時間靜下心來仔細思索練習,花時間投入,想清楚了,絕對一生受益。你也可以採用第 10 章的方法,以讀書會的方式,約朋友一起共讀、互相討論;或是加入我們的社群成為夥伴,更容易踏出這最重要的一步。

你是自己人生的唯一負責人,願本書能陪伴你走上這一趟奧德賽人生設計之旅,讓你隨時有能力、有信心為自己設計出心之所向的心動人生。

# 註釋

## 第 1 章　從 18 歲到 80 歲都要選修的人生設計課

1. 參考郭子菱（譯）（2020）。《設計你的幸福人生》（原作者：宮木由貴子、的場康子、稻垣圓），編者：第一生命經濟研究所股份有限公司，臺北市：日月文化。

2. Super, D.E.（1986）. Life career roles: Self-realization in work and leisure. In D. Hall and Associates (Eds.), Career development in organizations (pp. 95-119). San Francisco: Jossey Bass.

3. 許恬寧（譯）（2017）。《做自己的生命設計師》（原作者：Bill Burnett & Dave Evans）。臺北市：大塊文化。

4. *5 steps to designing the life you want* | Bill Burnett | TEDxStanford。
網址：https://www.youtube.com/embed/SemHh0n19LA

## 第 2 章　人生設計的根基：價值觀、人生觀與工作觀

1. 2020 年 7 月 17 日查詢教育百科，臺灣教育部出版。

2. 顏和正（譯）（2014）。《走吧！去做你真正渴望的事：創造有意義人生的 7 分鐘微行動》（原作者：Allyson Lewis）。臺北市：天下雜誌。

3. 〈芬蘭教育世界第一的祕密〉，參考 2011 年 5 月 6 日蕭富元《天下雜誌》384 期報導。

4. 廖建容（譯）（2023）。《耶魯大學的人生思辨課》（原作者：Miroslav Volf, Matthew Croasmun, Ryan McAnnally-Linz）。台北市：天下雜誌。

5. 黃薇嬪（譯）（2023）。《松浦彌太郎的100個基本》（原作者：松浦彌太郎），臺北市：悅知文化。

6. 顧淑馨（譯）（2005）。《與成功有約》（原作者：Stephen R. Covey）。臺北市：天下文化。

7. 阿爾弗雷德的故事改寫自：郝廣才（2014-11-27）〈一篇訃聞，造就諾貝爾獎〉，《今週刊》936期。https://www.businesstoday.com.tw/article/category/80407/post/201411270014/

8. 廖月娟（譯）（2022）。《你要如何衡量你的人生：哈佛商學院最重要的一堂課》（原作者： Clayton Christensen,James Allworth,Karen Dillon）。臺北市：天下文化。

9. 許恬寧（譯）（2017）。《做自己的生命設計師》（原作者：Bill Burnett & Dave Evans）。臺北市：大塊文化。

## 第 3 章　追隨「樂趣」，發現心之所向

1. 教育部高等教育司，大專校院各校休學人數，政府資料開放平台，2022 年 8 月 29 日。

2. 生涯 3.0 的概念引自日本第一生命經濟研究所 2019 年出版的《設計你的幸福人生》一書，書中提出生涯 3.0 的概念，3.0 是指從平成（1989.01.08 ～ 2019.04.30）進入令和（2019.05.01 至今）時代後，隨著超高齡化、價值觀與人生歷程變得更加多樣化，人們積極進行生涯設計的必要性也會更加提升。3.0 時代的關鍵在於彈性，大家可以按照自己的喜好選擇教育、創業、就業型態等多種路線的人生，隨時可以修正自己的生涯設計。相關說明可參考第 1 章內文。

3. 人物故事改寫自許恬寧（譯）（2017）。《做自己的生命設計師》p.74-76（原作者：Bill Burnett & Dave Evans）。臺北市：大塊文化。

4. 瓦基與羽婕的故事，改寫自「窮忙？！瓦基離開台積電、用「說書」找回人生主導權」（https://blog.104.com.tw/104bravo-readingoutpost-podcaster-waki/）以及「從北一女上臺大卻決定重念高中」，郭羽婕：我要找到自我價值，發揮影響力！
（https://www.cheers.com.tw/article/article.action?id=5099709）
花波兒園藝的故事，請參考 https://tmmperfectlife.com/common-hobbies-for-couples/ 以及 https://tmmperfectlife.com/men-in-retirement/?fbclid=IwAR0_BD01tXLfRnlMccoZxEnFqQBDZgvPyQQgTPZCE7ajh_78exYyHFCVoKk

5. 參考米哈里‧契克森（Mihály Csíkszentmihályi）2004年的出版：*Good Business: Leadership, Flow, and the Making of Meaning*，原文出版社：Penguin Books。

6. 好時光日誌練習設計，參考許恬寧（譯）（2017）。《做自己的生命設計師》p.73-91（原作者：Bill Burnett & Dave Evans）。臺北市：大塊文化。

7. 顧淑馨（譯）（2005）。《與成功有約：高效能人士的七個習慣》（原作者： Stephen R. Covey）。臺北市：天下文化。

8. 參考許恬寧（譯）（2016）。《跟TED學說故事，感動全世界》（原作者：Carmine Gallo）臺北市：先覺出版。

9. 魏惠娟、王梅（2020）。《樂齡的幸福課：設計你的下半場人生》。臺北市：四塊玉文創。

10. 陳文怡（譯）（2018）。《五十後的精采，來自你的行動與渴望》（原作者：Julia Cameron & Emma Lively）。臺北市：大好出版。

11. 樂動心旋律，維基百科。
   https://en.wikipedia.org/wiki/CODA_(2021_film)

## 第4章 設計自己想要的價值人生：有意領導

1. 參考蔡世偉（譯）（2019）。《原子習慣》（原作者：James Clear）。臺北市：方智出版。

2. 〈讓夢想看得見——如何建立願景〉，《天下雜誌》：186期，金玉梅編撰，1996/11/01。

3. 參考吳乃慧（譯）（2020）。《心。人生皆為自心映照》（原作者：稻盛和夫）。台北市：天下雜誌。

   https://web.riway.com/zh-hant/core-management-team/

4. 林信帆（譯）（2015）。《用五個為什麼找出問題發生的真因：TOYOTA 獨步業界的解決力》（原作者：OJT Solutions 公司）。臺北市：臺灣東販。

5. 魏惠娟（2015）。《樂齡生涯學習》。新北市：空大出版。

6. 〈讓夢想看得見——如何建立願景〉，《天下雜誌》：186期，金玉梅編撰，1996/11/01。

7. Jeremie Kubicek (2011)。*Making Your Leadership Come Alive:7Actions to Increase Your Influence.* Howard Books, New York.

8. 參考 Jeremie Kubicek (2012)。Intentional leadership。First published: 16 March 2012.

https://doi.org/10.1002/ltl.20021, Wiley Online Library. Jeremie Kubicek: Intentional Vs. Accidental (https://www.youtube.com/watch?v=bS0B03dyAfw)

9. 閻蕙群（譯）（2022）。《最有專注力的一年：在斜槓世代，把每件重要的事做得又快又好，讓你一心不亂的高效提案》（原作者： Erik Qualman）。臺北市：采實文化。

## 第 5 章　人生持續成長的終極能力：自我導向學習力

1. Knowles, M. S. (1975), *Self-directed learning: a guide for learners and teachers, New York: Association Press.*

2. 魏惠娟 2022 年國科會研究計畫與成果，計畫名稱：〈樂齡者活躍老化核心課程的自我導向學習之研究計畫編號〉：MOST111-2410-H-194-052。

3. Guglielmino, L. M. (1977). *Development of the self-directed learning readiness scale. Doctoral dissertation*, GA: University of Georgia.

4. 下半場人生自我導向學習的相關研究可以再參考以下文獻：

　⑴ Bestley, J. M., & Takooshian, H. (2013). Lifelong learning and attention: Implications for healthy aging. The Gerontologist, 53(4), 580-589. doi: 10.1093/geront/gns156

　⑵ Krumm, F., Bandilla, W., & Kramer, A. (2007). Lifelong learning as a means to active ageing. The Gerontologist, 47(3), 304-311. doi: 10.1093/geront/47.3.304

　⑶ Raja, S. M., Friedland, R. P., & Kremen, S. A. (2014). The relationship between lifelong learning and gray matter volume in healthy aging. The Gerontologist, 54(4), 667-675. doi: 10.1093/geront/gnt071

⑷ Werner, B., Wilmoth, J., & Andel, R. (2012). Self-directed learning and social participation among older adults. The Gerontologist, 52(4), 496-505. doi: 10.1093/geront/gnr123

⑸ Yang, C. H. (2018). The role of self-directed learning in adult career development: A predictive study in Taiwan. Adult Education Quarterly, 68(2), 95-113.

5. 參考日本東京大學牧野篤教授2023年於中正大學講學資料。

6. 未秧的學習方法相關報導：

(1)專訪／未秧：畢業之後的學習，不按照規矩來反而更快速 https://newsveg.tw/blog/74806

(2)北一女高材生未秧分享一輩子受用的學習法，瀏覽破千萬 https://futureparenting.cwgv.com.tw/family/content/index/22772

7. 嫻人退休後歷程之相關報導：

(1)「嫻人的好日子」個人網站：https://www.tmmperfectlife.com

(2)金融高管49歲被退休，爆哭2周再出發！嫻人花4年探索、被動收入增3倍：閒人也有好日子 https://thebetteraging.businesstoday.com.tw/article/detail/202109240039

8. 同本章註2.

## 第6章　全民新功課：增加健康資產的板塊設計

1,2.參考日本第一生命經濟研究所出版之《設計你的幸福人生》

第五章，幸福的健康策略研究發現。

3. 有興趣者可參考美國《預防》雜誌網站搜尋更多資訊 https://www.prevention.com/healthy-aging/

4. 敦一夫，傅麗娜（譯）（2006）。《廚房裡的哲學家》（原作者：Jean-Anthelme Brillat-Savarin）。臺北市：霍克出版。

5. 張雪瑩（譯）（2020）。《真正的快樂處方：瑞典國民書！腦科學實證的健康生活提案》（原作者：Anders Hansen）。臺北市：究竟出版社。

6. 科學認證的 7 種方法！保持健康不衰老 https://tw.news.yahoo.com/%E7%A7%91%E5%AD%B8%E8%AA%8D%E8%AD%89%E7%9A%847%E7%A8%AE%E6%96%B9%E6%B3%95-%E4%BF%9D%E6%8C%81%E5%81%A5%E5%BA%B7%E4%B8%8D%E8%A1%B0%E8%80%81-044601552.html?

7. 參考日本第一生命經濟研究所出版之《設計你的幸福人生》第三章，幸福的連結策略。

8. 參考蔡世偉（譯）（2019）。《原子習慣》（原作者：James Clear）。臺北市：方智出版。

9. 國民健康署網站——「認識肌少症」：https://health99.hpa.gov.tw/article/18856

10. 如想獲得更詳細的健康飲食設計資訊，可以參考國民健康署網站上的飲食建議資訊：

　　⑴國民健康署「健康學習資源」專區 https://www.hpa.gov.tw/Home/Index.aspx

　　⑵國民健康署「健康識能地圖」https://www.hpa.gov.tw/Pages/Detail.aspx?nodeid=4166&pid=12155

⑶國民健康署「健康體能促進」https://www.hpa.gov.tw/Pages/
List.aspx?nodeid=37

11. 日本高齡學者飯島勝矢研究相關報導：

⑴日本高齡學者飯島勝矢倡健康長壽 3 要素「人際互動」
預防衰弱不可忽視 https://www.commonhealth.com.tw/
article/85249

⑵日本高齡專家飯島勝矢：預防衰弱，是超高齡社會贏的對
策 https://www.commonhealth.com.tw/article/84913

## 第 7 章　增加能量與活力的 3.0 工作板塊設計

1. 許恬寧（譯）（2017）。《百歲人生戰略》（原作者：
Lynda Gratton & Andrew J. Scott）。臺北市：商業周刊。

2. 參考郭子菱（譯）（2020）。《設計你的幸福人生》（原作者：
宮木由貴子、的場康子、稻垣圓），編者：第一生命經濟研
究所股份有限公司，臺北市：日月文化。

3. 參考劉凱平（譯）（2021）。《多少才夠？》（原作者：
Arun Abey）。臺北市：天下雜誌。

4. 黑天鵝一詞，最早出現於由美國紐約大學教授塔雷伯
（Nassim Nicholas Taleb）於 2007 年出版的暢銷書《黑天鵝
效應》書中，是指「發生機率極低、且難以預料，卻仍然發
生的事件」。如：2001 年的 911 恐怖襲擊、2020 年的新冠
肺炎疫情等，都屬於難以預料，且造成重大影響的「黑天鵝
事件」。黑天鵝的由來源自 17 世紀前，歐洲人以為所有天
鵝都是白色的，直到 1697 年在澳洲發現第一隻黑色天鵝，
打破了人們對於天鵝的固有認知。以上參考〈天下學習〉，

黃奕霖著，2022 年 12 月 6 日。https://www.cheers.com.tw/article/article.action?id=5101450

5. 日本的公民館於第二次世界大戰後 1946 年開始建設，目標是提倡公民共同學習，1949 年制定社會教育法，明確定位公民館的法定地位與目標：通過舉辦與各地區實際生活緊密相連的教育、學術以及文化活動，提高素養，增進健康，純潔情操，振興地區文化，加強社會福祉。以上參考牧野篤 2023 年《社會教育新論》一書，由日本東京大學出版。

6. 〈Ryan Jane Jacoby 未來的不確定性讓你好焦慮？〉參考 2021 年 9 月 1 日，https://www.asiabusinessleaders.com

7. 參考許郁文（譯）（2021）。《發現你的天職》（原作者：八木仁平）。臺北市：如何出版。

8. 設計思考五個步驟為：同理心、需求定義、創意動腦、製作原型、實際測試等，參考許恬寧（譯）（2017）。《做自己的生命設計師》（原作者：Bill Burnett & Dave Evans）。臺北市：大塊文化。

9. 奧特曼的故事，改寫自 *Cheers* 雜誌，胡立宗撰文：服務超過 80 年，沒有退休打算，2022 年 10 月 23 日發布。https://www.cw.com.tw/article/5123230

10. 改寫自《天下讀者俱樂部》，天下出版，蕭富元撰文，2021 年 6 月 12 日發布。澳洲公認最成功理財規畫大師：快樂的有錢人通常是先有快樂，後來才變有錢。
https://www.cw.com.tw/index.php/article/5115190?from=search

11. 窮忙？！瓦基離開台積電、用「說書」找回人生主導權，2022/10/31 https://blog.104.com.tw/104bravo-readingoutpost-

podcaster-waki

瓦基提到設計工作板塊時的參考架構出自《一個人的獲利模式》，作者：Tim Clark, Alexander Osterwalder, Yves Pigneur，曹先進等翻譯，早安財經出版社，2017 年出版。

12. 花波兒園藝故事，參見：

　(1) https://tmmperfectlife.com/common-hobbies-for-couples/

　(2) https://tmmperfectlife.com/men-in-retirement/?fbclid=IwAR0_BD01tXLfRnlMccoZxEnFqQBDZgvPyQQgTPZCE7ajh_78exYyHFCVoKk

13. 費德勒（Roger Federer）從球場轉換跑道的案例，改寫自曹凱婷報導，天下獨立評論，2022/09/26。

14. 齊若蘭（譯）（2020）。第二曲線：社會再造的新思維（原作者：Charles Handy）。臺北市：天下出版。

## 第 8 章　讓幸福加倍的連結板塊設計

1. 加拿大生態學家蘇珊・希瑪爾（Suzanne Simard）2022 年 TED 演講：How trees talk to each other | https://www.youtube.com/watch?v=Un2yBgIAxYs。另可參考其著作：謝佩妏（譯）（2022）。尋找母樹：樹聯網的祕密（原作者：Suzanne Simard）。臺北市：大塊文化。

2. 2023 年 12 月 31 日查詢教育百科，臺灣教育部出版。

3. 胡宗香（2023）（譯）。《美好人生：史上最長期的哈佛跨世代幸福研究，解答影響一生最重要的關鍵》（原作者：Robert Waldinger & Marc Schulz）。臺北市：天下雜誌。

4,6,7,9,10. 註解請參考《設計你的幸福人生》，有關「照顧生態圈」的說明可參考這一本書 p.158-159。

5,8. 註解請參考廖建容（譯）（2020）。《當我們一起》（原作者：Vivek H. Murthy）。臺北市：天下出版。

11. 弱連結研究請參考 Granovetter, M. The Strength of Weak Ties: A Network Theory Revisited. Sociological Theory. 1983, 1:201-233. JSTOR 202051. doi:10.2307/202051.

12. 資料來源為日本東京大學牧野篤教授於 2023 年 6 月 3-18 日於中正大學講學資料。

13. 「內在原力」臉書社團 https://www.facebook.com/groups/516360629606975

## 第 9 章　想像你的人生樹要長成什麼樣子？

1. 日本廣告影片〈人生不是馬拉松〉https://www.youtube.com/watch?v=LIDuXi5UNqM

2. 參考王莉莉（譯）（2021）。《最大的祕密》（原作者：Rhonda Byrne）。臺北市：方智出版。

3. 唐勤（譯）（2007）。《你拿什麼定義自己》（原作者：Charles Handy）。臺北市：天下文化。

4. 齊若蘭（譯）（2020）。《你是誰，比你做什麼更重要：英國管理大師韓第寫給你的 21 封信》（原作者：Charles Handy）。臺北市：天下文化。

5. 顧淑馨（譯）（2005）。《與成功有約》（原作者：Stephen R. Covey）臺北市：天下文化。

# 第 10 章　好好照顧你的人生樹

1. 《與成功有約》作者柯維將「要事第一」列為七個追求成功的必要好習慣之一。

2. 微行動、小習慣的相關資訊，可以參考史丹佛大學行為設計實驗室創辦人福格博士（BJ Fogg）的相關研究。或參考：劉復苓（譯）（2021）。《設計你的小習慣》（原作者：BJ Fogg）臺北市：天下雜誌。

3. 累積一百次運動時，進場刷卡時就會出現歡呼聲，在場運動的姊妹們會一起鼓掌恭喜達成百次任務的會員、同時可兌換一件標註運動次數的運動 T 恤（上面有 100、200、300……的數字）這在某種程度上也是一種「地位」的象徵——當你穿運動 600 次的 T 恤來運動時，穿 100T 的會員會投以羨慕眼光、而自己也會自我感覺良好（因為自己的努力而得到的成就感），如此就能啟動正向循環，繼續激勵自己持續運動。

4. 蔡世偉（譯）（2019）。《原子習慣》：細微改變帶來巨大成就的實證法則（原作者：James Clear）。臺北市：方智出版。

5. 引述自：林力敏（譯）（2020）。《凡事皆有出路》（原作者 Marie Forleo）。臺北市：天下雜誌。

6. 許恬寧（譯）（2017）。《做自己的生命設計師》（原作者：Bill Burnett & Dave Evans）。臺北市：大塊文化。

7. 《作自己的生命設計師》作者也有成立社群，有興趣的讀者可以加入：https://designingyour.life/。